Adventures
in Japanese 3

Workbook

アドベンチャー
日本語3

Adventures in Japanese 3
Workbook

Hiromi Peterson, Naomi Omizo, Junko Ady
& Jan Asato

Illustrated by Michael Muronaka & Emiko Kaylor

Cheng & Tsui Company

09 08 07 06 05 04   12 11 10 9 8 7 6 5 4 3

Published by

Cheng & Tsui Company
25 West Street
Boston, MA 02111-1213 USA
Fax (617) 426-3669
www.cheng-tsui.com
"Bringing Asia to the World"™

Printed in the U.S.A.

ISBN 0-88727-397-1

Companion textbooks, workbooks, hiragana/katakana workbooks, flashcards, and audio products,
for this and for other levels of the *Adventures in Japanese* series,
are also available from the publisher.

日本語１と２の漢字

I	一 いち, ひと(つ)	二 に, ふた(つ)	三 さん, みっ(つ)	四 し, よ, よん, よっ(つ)	五 ご, いつ(つ)			
	六 ろく, むっ(つ)	七 なな, しち, なな(つ)	八 はち, やっ(つ)	九 きゅう, く, ここの(つ)	十 じゅう, とお			
	日 [に], にち, ひ, [び], か	月 がつ, げつ	火 か	水 みず, すい	木 き, もく	金 かね, きん	土 ど	
II 2 課	口 くち, [ぐち]	目 め	人 ひと, にん, じん	本 もと ほん, [ぼん], [ぽん]	今 いま こん	年 とし, ねん	私 [わたし], わたくし	曜 よう
II 3 課	上 うえ	下 した, くだ(さい)	大 おお(きい), たい, だい	小 ちい(さい), しょう	夕 ゆう	何 なに, なん	中 なか, ちゅう	外 そと, がい
II 4 課	行 い(く), こう	来 き(ます), く(る), こ らい	子 こ	車 くるま, しゃ	学 がく, [がっ]	校 こう	見 み(る)	良 よ(い)	食 た(べる), しょく
II 5 課	川 かわ, [がわ]	山 やま, さん	出 で(る), だ(す)	先 せん	生 う(まれる), せい	父 ちち, [とう]	母 はは, [かあ]	毎 まい	書 か(く), しょ
II 6 課	手 て	耳 みみ	門 もん	聞 き(く), ぶん	女 おんな	好 す(き)	田 た [だ]	男 おとこ	
II 7 課	言 い(う)	語 ご	寺 てら, [でら], じ	時 とき, じ	間 あいだ, かん	分 わ(かる), ふん, [ぷん], ぶん	正 ただ(しい), しょう	家 いえ, か	々 [repeat]

II 9 課	白 しろ, はく	百 ひゃく, [びゃく], [ぴゃく]	千 せん, [ぜん]	万 まん	方 かた, ほう	玉 たま, [だま]	国 くに,[ぐに] こく,[ごく]	安 やす(い)	高 たか(い), こう	
II 10 課	牛 うし, ぎゅう	半 はん	*手 て, しゅ	友 とも	帰 かえ(る)	待 ま(つ)	持 も(つ)	米 こめ	番 ばん	事 こと,[ごと], じ
II 11 課	雨 あめ	電 でん	天 てん	気 き	会 あ(う), かい	話 はな(す), はなし, [ばなし], わ	売 う(る)	読 よ(む)		
II 13 課	右 みぎ	左 ひだり	入 い(れる), はい(る), [いり]	物 もの, ぶつ	名 な, めい	前 まえ, ぜん	戸 と, [ど]	所 ところ, [どころ] しょ,[じょ]	近 ちか(い)	
II 14 課	立 た(つ), りつ	作 つく(る), さく	肉 にく	魚 さかな	多 おお(い), た	少 すく(ない), すこ(し)	古 ふる(い)	新 あたら(しい), しん	*生 う(まれる), せい, なま	
II 15 課	才 さい	心 こころ, しん	思 おも(う)	休 やす(み)	買 か(う)	早 はや(い)	自 じ	犬 いぬ	太 ふと(る)	屋 や

* Previously introduced.

日本語 3 の漢字

III 1課	漢 かん	字 じ	姉 あね, ねえ	妹 いもうと	兄 あに, にい	弟 おとうと	朝 あさ, ちょう	昼 ひる, ちゅう
	明 あか (るい)	去 きょ	銀 ぎん	仕 し	*父 ちち, とう, ふ	*母 はは, かあ, ぼ	*先 せん, さき	家族 かぞく
	友達 ともだち	質問 しつもん	答え こたえ	宿題 しゅくだい	試験 しけん	昨日 きのう		
III 2課	公 こう	文 ぶん	化 か, け	花 はな	海 うみ, かい	旅 りょ	教 おし(える), きょう	室 しつ
	後 うし(ろ), あと, ご	午 ご	着 き(る), つ(く)	知 し (る)	*私 [わたし], わたくし, し	*男 おとこ, だん	*女 おんな, じょ	*子 こ, し
	*入 はい (る), い (れる), いり, にゅう	*行 い(く), こう, ぎょう	生徒 せいと	問題 もんだい	教科書 きょうかしょ	公園 こうえん	一度 いちど	図書館 としょかん
III 3課	春 はる	夏 なつ	秋 あき	冬 ふゆ	雪 ゆき	元 げん	飲 の (む)	体 からだ, たい
	音 おと, おん	楽 たの(しい), らく, がく	糸 いと	紙 かみ, [がみ]	*生 う(まれる), なま, せい, しょう	世話 せわ	生活 せいかつ	体育 たいいく
	様 さま	変 へん	大変 たいへん					

✻ Previously introduced.

Highlighted *kanji* are for recognition only.

III 4課	英 えい	草 くさ	林 はやし,[ばやし]	森 もり	台 たい,[だい]	始 はじ(める)	終 お(わる)	使 つか (う)
	勉 べん	強 つよ(い),きょう	回 かい	週 しゅう	*近 ちか(い),きん	*間 あいだ,かん,ま	本当 ほんとう	最近 さいきん
	違う ちがう	辞書 じしょ	～君 くん	週末 しゅうまつ				
III 6課	映 えい	画 が,かく	歌 うた,か	晩 ばん	夜 よる	黒 くろ,こく	茶 ちゃ, さ	飯 はん
	足 あし	長 なが(い),ちょう	走 はし(る)	起 お(きる),き	寝 ね(る)	有名 ゆうめい	番組 ばんぐみ	女性 じょせい
	男性 だんせい	曲 きょく	子供 こども	選手 せんしゅ	彼 かれ	彼女 かのじょ		
III 7課	東 ひがし,とう	西 にし,せい	洋 よう	和 わ	部 ぶ,へ	美 うつく(しい),び	広 ひろ(い)	内 うち,ない
	主 しゅ	住 す(む),じゅう	開 あ (ける)	閉 し (める)	*生 う(まれる),なま,せい,しょう,い(ける)	*上 あ(がる),うえ,じょう	*下 お(りる),した,くだ(さい),へ	*正 せい,ただ(しい),しょう
	*寝 ね (る),しん	～階 -かい,-がい	～的 -てき	全部 ぜんぶ	座る すわる	正座 せいざ		

* Previously introduced.

Highlighted *kanji* are for recognition only.

III 8課	竹 たけ	鳥 とり, ちょう	色 いろ	赤 あか	青 あお	黄 き	風 かぜ, ふう,[ふ]	味 あじ, み
	料 りょう	理 り	由 ゆう	重 おも (い)	*自 し, [じ]	自然 しぜん	焼く やく	苦手 にがて
	丸 まる	三角 さんかく	四角 しかく	弁当 べんとう	最〜 さい〜			
III 9課	北 きた, ほく,[ほっ]	南 みなみ	京 きょう	駅 えき	乗 の (る)	地 ち	鉄 てつ	図 ず, と
	道 みち, とう,[どう]	歩 ある (く), ほ[ぽ]	動 どう, うご (く)	働 はたら (く)	円 えん	*明 あか(るい), めい	*売 う(る), ばい	〜線 -せん
	橋 はし,[ばし]	病院 びょういん	新幹線 しんかんせん	中央線 ちゅうおうせん				

＊ Previously introduced.

Highlighted *kanji* are for recognition only.

ADVENTURES IN JAPANESE 3 WORKBOOK
CONTENTS

I. Match the English expression with its Japanese equivalent. Write the correct letter in the parenthesis.

> Choices: A. 失礼_{しつれい}しました。　　B. 失礼_{しつれい}します。　　C. お先_{さき}に。

1. Excuse me for going/doing something first.　　(　　)

2. Excuse me, (I will be rude).　　(　　)

3. I'm sorry to have inconvenienced you.　　(　　)

II. What should you say in the following situations? Write the letter of the most appropriate/ useful expression from the list below. Use each once.

(　　) 1. You leave the classroom while the teacher is still there.

(　　) 2. At a restaurant, your order arrives before your friends' and you decide to begin eating first.

(　　) 3. You were planning to play golf with your friend, but it is raining hard. You are disappointed.

(　　) 4. You have disturbed your Japanese class by sneezing.

(　　) 5. Your friend has won an important soccer game. You want to show that you are happy for your friend.

(　　) 6. You have heard that your friend is going to Japan for his/her next vacation.

(　　) 7. You have heard that your friend's basketball team lost the game yesterday.

(　　) 8. You ask your teacher to sign a form.

(　　) 9. You are listening to your friend's story and get some new information.

(　　) 10. You have arrived at a meeting late.

A. 失礼_{しつれい}しました。	F. お先_{さき}に。
B. 失礼_{しつれい}します。	G. 遅_{おそ}くなりました。
C. お願_{ねが}いします。	H. 良_よかったですねえ。
D. 残念_{ざんねん}でしたねえ。	I. いいですねえ。
E. 残念_{ざんねん}ですねえ。	J. そうですか。

1

III. Write *kanji* for the underlined words. Write おくりがな if necessary.

1. よく <u>わかりません</u>でした。 もう<u>一度</u><u>いって</u>ください。

2. <u>やまだせんせい</u>、 <u>いま</u>ロッカーへ<u>いって</u>もいいですか。

3. <u>にほんご</u>が<u>じょうず</u>ですねえ。　　4. <u>さかな</u>の<u>ほう</u>が<u>やすい</u>です。

5. <u>こうこういちねんせい</u>です。　　6. <u>すき</u>な<u>たべもの</u>は<u>なん</u>ですか。

7. <u>がっこう</u>へ<u>くるま</u>で<u>き</u>ますか。　　8. <u>ちち</u>は<u>はやく</u><u>いえ</u>に<u>かえりました</u>。

9. <u>まいにち</u>、 <u>しんぶん</u>を<u>よみ</u>ますか。　10. <u>ときどき</u>、 テレビを<u>み</u>ます。

11. <u>わたし</u>は<u>ひだりて</u>で<u>か</u>きます。　　12. <u>きょう</u>、 <u>てんき</u>は<u>あめ</u>ですね。

IV. Recalling all of the *kanji* you have learned so far, answer the following questions. Write your *kanji* answer in the parenthesis. For questions 3, 4 and 5, you may answer in English if necessary.

1. どの漢字が一番やさしいと思いますか。　　　　（　　　）

2. どの漢字が一番むずかしいと思いますか。　　　（　　　）

3. どの漢字が好きですか。どうして。　　　　　　（　　　）

Reasons: _____

4. どの漢字をよく使います(to use)か。どうして。　（　　　）

Reasons: _____

5. 漢字はいつもどうやって(how)おぼえますか。

_____

2

I. Match the Japanese proverbs with their English equivalents. Write the most appropriate letter in the parenthesis.

1. (　　) 猫に小判

2. (　　) かえるの子はかえる

3. (　　) 負けるが勝ち

4. (　　) ちりもつもれば 山となる

5. (　　) 石の上にも三年

6. (　　) ばかにつける薬はない

7. (　　) 海よりふかい母の愛

8. (　　) 猿も木から落ちる

9. (　　) 三日ぼうず

10. (　　) 十人十色

11. (　　) 花よりだんご

12. (　　) となりの花は赤い

A. Dust amassed will make a mountain. If you continue to do something even a little at a time, someday you will be able to achieve lofty goals.

B. Many men, many tastes.

C. There is no cure for an idiot.

D. Sitting on a rock for as long as three years makes everything possible. Perseverance overcomes all things.

E. A mother is always thinking about her children and will do anything for their sake.

F. The grass is always greener on the other side of the fence.

G. The belly is not filled with fair words. It is more necessary to satisfy your physical needs (dumplings) than literary ones (flowers).

H. A child resembles his/her parents and will have a life like his/her parents.

I. To cast pearls before swine.

J. Losers, gainers.

K. One who does not persevere or one who is not a steady, reliable worker.

L. Even skilled people sometimes make mistakes.

一課

II. Write an appropriate Japanese proverb for the following situations.

1. You decide to learn one new *kanji* every day. By the end of the year, you have learned 365 *kanji*.

_____

2. You started to learn Japanese three years ago. It was very difficult at the beginning, but you continued to study. You feel you now understand much more Japanese after studying hard for three years.

_____

3. You decided to learn five new *kanji* characters every day. After three days, you forgot about your resolution.

_____

4. Your Japanese teacher knows many *kanji* and can write them beautifully on the board. But one day your teacher wrote the wrong *kanji* on the board.

_____

III. Answer the following questions. For Question # 1, answer in Japanese; for # 2 and # 3, answer in English.

1. 日本のことわざの中でどのことわざが一番好きですか。

_____

2. なぜですか。 _____

3. Choose one Japanese proverb from Lesson One and discuss how it reflects Japanese values and attitudes.

_____

V. Odd Man Out: Circle one word that does not belong to the group.

Ex. （中，外，上，下，⑭山）

1. （姉，弟，妹，犬，兄）

2. （朝，昼，夕，漢）

3. （父，母，雨，祖父，祖母）

4. （小学校，中国，高校，大学）

5. （先生，生徒，学生，食べ物）

6. （お姉さん，お母さん，お弟さん，妹さん）

7. （祖父，祖母，おじ，おば，銀行）

8. （数学，漢字，物理，科学）

9. （今年，兄弟，去年，来年）

10. （銀行，家，新聞，学校）

11. （仕事，昼食，夕食，朝食）

文法：〜の〜, 〜をしている, 〜しか　　　日付:＿＿＿＿＿＿＿＿＿＿＿＿

I. Read the following paragraph. Fill in the name and the occupation/grade of each person below in English. Write the name in ( ) and the occupation/grade in the [ ].

これは私の家族です。祖父の雄介は弁護士をしていて、祖母の雅子は高校の先生をしています。父の雄二は歯医者をしています。母の弘子は主婦をしています。叔父の清は大学の先生をしていて、叔母の典子は秘書(secretary)をしています。姉の雅美は幼稚園の先生をしていて、兄の雄太は医者をしています。私は高校二年生で、弟の大介は中学一年生で、妹の清美は小学五年生です。

II. Read the following statements. Then, circle 本当 for true statements and ちがう for false statements based on your own situation.

1. (本当　ちがう)　　漢字を百ぐらいしか覚えていない。

2. (本当　ちがう)　　家では英語でしか話さない。

3. (本当　ちがう)　　やさいしか食べない。

4. (本当　ちがう)　　学校でしか宿題をしない。

5. (本当　ちがう)　　家で私しか日本語が分からない。

III. Convert the following to sentences that use 〜しか.

Example: やさい<u>だけ</u>食べます。　　→やさい<u>しか</u>食べません。

1. 日本語が少しだけ分かります。　→_____

2. 漢字を百だけ知っています。　→_____

3. 東京へだけ行きました。　→_____

4. 家で私だけ日本語が分かります。→_____

5. 毎日一時間だけ勉強します。　→_____

6. 日本語の授業は四十分だけある。→_____

IV. 下の質問に日本語で答えて下さい。

1. 兄弟が何人いますか。　　　　_____

2. あなたは今、何年生ですか。　_____

3. 何年に高校を卒業するはずですか。

_____

4. 文学と科学とどちらの方が好きですか。

_____

5. 数学と化学と物理で何が一番むずかしいと思いますか。

_____

6. 日本の歴史で何を知っていますか。

_____

7. 大学で何を専攻したいですか。

_____

V. 新しい漢字: Look at the following *kanji* puzzles. Write the *kanji* answer for each puzzle.

Ex. ウ ＋ 子 ＝ （ 字 ）　　　3. 日 ＋ 月 ＝ （　　　）

1. 女 ＋ 一 ＋ 木 ＝ （　　　）　　4. 十 ＋ 日 ＋ 十 ＋ 月 ＝ （　　　）

2. 口 ＋ 見 ー 目 ＝ （　　　）　　5. イ ＋ 十 ＋ 一 ＝ （　　　）

一課　　　　　　6

I. Write an appropriate expression for each of the following situations in Japanese.

1. When Ken leaves home, what does he say to his host mother?　＿＿＿＿＿＿＿＿＿＿＿＿

2. When Ken leaves home, what does his host mother say to Ken?　＿＿＿＿＿＿＿＿＿＿＿

3. When Ken comes home, what does he say to his host mother?　＿＿＿＿＿＿＿＿＿＿＿

4. When Ken comes home, what does his host mother say to him?　＿＿＿＿＿＿＿＿＿＿＿

5. When Ken goes to bed, what does he say to his host mother?　＿＿＿＿＿＿＿＿＿＿＿

6. Ken's host mother meets Ken for the first time. After Ken says よろしく, what does she say?

＿＿＿＿＿＿＿＿＿＿＿＿＿＿＿＿＿＿＿

II. Ken gets up late on Sunday morning. His host mother talks with Ken. Write the most appropriate response from the box below in each of the parenthesis.

お母さん：ケンは朝食に何か食べる？

　　ケン：いいえ、今（　　　　　）食べたくありません。

お母さん：だめよ。今日どこへ出かけるの？

　　ケン：（　　　　　）出かけません。明日試験がありますから、家で勉強

　　するつもりです。

お母さん：そう？ケンは何かきらいな食べ物がある？

　　ケン：いいえ、（　　　　）食べますよ。

お母さん：そう。良かった。次の土曜日にみんなでレストランへ行くけど、

　　六時はどう？

　　ケン：ぼくは土曜日ひまですから、（　　　　）いいですよ。

お母さん：主人(husband)がフランス料理のレストランへ行きたいんですって。

　　ケン：おいしそうですね。ぼくは（　　　　）行きますよ。

お母さん：じゃ、そうしましょう。

何も， 何でも， どこへも， どこへでも， いつでも

一課

III. You broke your arm and it is in a cast, but it is almost healed. Your friend wants to do something with you. Check the activities that you can physically do with your friend.

1. (　　) 映画を見よう！
2. (　　) プールで泳ごう！
3. (　　) ギターをひこう！
4. (　　) 喫茶店で話そう！
5. (　　) アイスクリームを食べよう！

6. (　　) 一緒に昼食を食べに行こう。
7. (　　) 十マイル走ろう！
8. (　　) 音楽を聞こう！
9. (　　) サッカーをしよう！
10. (　　) カラオケへ行って歌を歌おう！

IV. Look at the pictures below and write an informal suggestion using each as a cue. See the example. Example: 昼食を食べに行こうか。

1. _____   3. _____

2. _____   4. _____

Example:　　　　1.　　　　2.　　　　3.　　　　4.

V. Suggest activities that you and your friend can do on the following occasions or at the following places. Use the OO Form.

1. 週末 _____

2. 図書館で _____

3. カフェテリアで _____

4. 高校を卒業したら、 _____

VI. Fill in the blanks with the correct words using the hints in the parentheses.

1. 漢字をいくつぐらい知っていますか。　(only 100)

_____しか知りません。

2. 日本語を何年勉強しましたか。　(only 3 years)

_____しか_____。

3. 家でだれが日本語が分かりますか。　(only me)

_____しか_____。

I. Change the following dialogue from the formal speech style to the informal style. Write the correct form for the underlined portions of the sentence in the parentheses.

1.　＜レストランで＞

ケン：いただきます。はしで食べなければ<u>なりませんか</u>。
　　　　　　　　　　　　　　　（　　　　　　　）

まり：<u>いいえ</u>、おはしで食べなくても<u>いいですよ</u>。
　　　（　　　）　　　　　　　　　　（　　　　　　　）

　　　<u>ケンさん</u>、すしを一つ<u>食べてみませんか</u>。<u>おいしいですよ</u>。
　　　（　　　　　）　　　（　　　　　　　　　）（　　　　　　　）

ケン：<u>いいえ</u>、<u>けっこうです</u>。魚が<u>好きじゃないんですよ</u>。
　　　（　　　）（　　　　　　　）（　　　　　　　　　　）

　　　ごちそうさま。<u>おいしかったですね</u>。おなかが<u>いっぱいです</u>。
　　　　　　　　　　（　　　　　　　　　）　　　（　　　　　　　）

　　　今日はぼくがごちそう<u>しますよ</u>。
　　　　　　　　　　　　　　（　　　　　　　）

まり：ありがとう。じゃ、私がチップを<u>はらいましょうね</u>。
　　　　　　　　　　　　　　　（　　　　　　　　　　　）

　　　いくらぐらいおかなければ<u>なりませんか</u>。
　　　　　　　　　　　　　　　（　　　　　　　　　　）

ケン：だいたい１５パーセント<u>ぐらいですよ</u>。
　　　　　　　　　　（　　　　　　　　　　　　）

2.　＜Tシャツの　おみせで＞

まり：<u>ケンさん</u>、二かいに<u>来ました</u>から、<u>よってみました</u>。
　　　（　　　　　）　　　（　　　　　）　（　　　　　　　　）の。

ケン：こんにちは。今ばん、バスケットのしあいが<u>あります</u>が、見に
　　　　　　　　　　　　　　　　　　　　　（　　　　けど）、

　　　<u>行きませんか</u>。大事なしあいですから、<u>おうえんしましょう</u>。
　　　（　　　　　　）　（　　　　　　）　（　　　　　　　）

II. Read the following conversation between <u>two boys and a girl</u>. For each statement, identify whether the speaker is a male or a female. Write 男 for male or 女 for female in the parentheses. Then answer the questions in the box in English.

1. (　　) これ、食べるかい？
2. (　　) ええ、いただくわ。
3. (　　) もらうよ。
4. (　　) おいしいかい？
5. (　　) うん、とってもおいしいぜ。
6. (　　) ええ、おいしいわ。
7. (　　) これも　おいしいぜ。
8. (　　) 食べるかい。
9. (　　) ええ、それ、とっても好きなの。ありがとう。
10. (　　) 本当とうに　おいしいのね。
11. (　　) 料理りょうりが上手だわ。
12. (　　) うん、とっても上手だよ。
13. (　　) ありがとう。ところで、明日は試験だよ。
14. (　　) 勉強べんきょうしたかい？
15. (　　) ええ、昨日ちょっと勉強べんきょうしたわ。
16. (　　) ぼくは、ぜったいに１００点てんをとるぞ。
17. (　　) でも、日本語の試験はとてもむずかしいのよ。
18. (　　) がんばるさ。

```
Q1: Who cooked?  A man or a woman?
    (                    )
Q2: When is the Japanese exam?
    (                    )
```

III. 漢字コーナーかせん：下線(underline)の所を漢字とおくりがなで書いて下さい。

1. <u>きょうだい</u>は<u>あね</u>と<u>あに</u>と<u>いもうと</u>と<u>おとうと</u>です。

2. <u>はは</u>は<u>きょねん</u>まで<u>ぎんこう</u>で<u>しごと</u>をしていました。

3. <u>けさ</u>、<u>あさひしんぶん</u>を<u>よん</u>でから、<u>ちょうしょく</u>を<u>たべ</u>ました。

4. <u>きょう</u>も<u>あした</u>も<u>かんじ</u>を<u>かき</u>ます。

I. Read the dialogue of this lesson, then read the following statements. Circle 正しい for true statements and ちがう for false statements.

1. （正しい　ちがう）　　Ken is a sophomore.

2. （正しい　ちがう）　　Ken can write some *kanji*.

3. （正しい　ちがう）　　Ken is good at writing *kanji*.

4. （正しい　ちがう）　　Ken has brothers.

5. （正しい　ちがう）　　Both Ken's father and mother work.

6. （正しい　ちがう）　　Ken's father works at a bank.

7. （正しい　ちがう）　　Ken's mother works at a hospital.

8. （正しい　ちがう）　　Ken lives with his siblings.

9. （正しい　ちがう）　　Ken likes sports and playing the guitar.

10. （正しい　ちがう）　　Ken is good at soccer.

11. （正しい　ちがう）　　Ken likes carrots.

II. Read the following self-introduction by a Japanese student. Then, circle 正しい for true statements and ちがう for false statements.

自己紹介

ぼくは山下まことで、今高校一年生だ。好きな食べ物はにんじんで、きらいな食べ物はないから、何でも食べられる。好きな色は青だ。とくいなスポーツはバスケットボールだ。とくいなかもくは物理で、苦手なかもくは歴史だ。祖父も父も医者をしている。姉のまさみは去年、大学を卒業して、今、幼稚園の先生をしている。姉はやさいしか食べない。ぼくは家族が大好きだ。

一課

1. （正しい　ちがう）　　　Makoto is in the 10th grade now.

2. （正しい　ちがう）　　　Makoto does not like carrots.

3. （正しい　ちがう）　　　Makoto is a picky eater.

4. （正しい　ちがう）　　　Makoto's favorite color is blue.

5. （正しい　ちがう）　　　Makoto is good at basketball.

6. （正しい　ちがう）　　　Makoto is good at physics.

7. （正しい　ちがう）　　　Makoto's grandfather is a doctor.

8. （正しい　ちがう）　　　Makoto's sister goes to college.

9. （正しい　ちがう）　　　Makoto's sister does not eat vegetables.

III. Write a short self-introduction about yourself using the plain form.

_____

_____

_____

_____

_____

_____

_____

_____

一課　　　　　　　　　　　　　　12

You may not understand all the Japanese,
but use the context to help you comprehend as much as you can!

I. Useful Expressions: Listen to the following useful expressions. Find the most appropriate picture for each expression.

1. (　　)　2. (　　)　3. (　　)　4. (　　)　5. (　　)

Choices for 1 - 5

A.　　　　　　　B.　　　　　　　C.　　　　　　　D.　　　　　　　E.

6. (　　)　7. (　　)　8. (　　)　9. (　　)　10. (　　)

Choices for 6 - 10

A.　　　　　　　B.　　　　　　　C.　　　　　　　D.　　　　　　　E.

II.　**Pre-listening**: Before you listen to the following self-introduction, think about the kinds of things people say in typical self-introductions.
Listening: Now, listen to the self-introduction by Mayumi. Choose the most appropriate answer from the choices given in the parentheses.

11.　Mayumi is (A. 10　B. 16　C. 18) years old.

12.　Mayumi has (A. one　B. two　C. three) siblings.

13.　Mayumi's father works at a (A. bank　B. kindergarten　C. dentist's office).

14.　Mayumi's mother works at a (A. bank　B. kindergarten　C. dentist's office).

15.　Mayumi's grandfather used to work at a (A. bank　B. kindergarten　C. dentist's office).

16. Mayumi's grandmother is (A. 42   B. 45   C. 69   D. 71) years old.

17. Mayumi's father is (A. 42   B. 45   C. 69   D. 71) years old.

18. Mayumi's mother is (A. 42   B. 45   C. 69   D. 71) years old.

19. Mayumi's brother is (A. 10   B. 16   C. 18) years old.

20. Mayumi's brother is majoring in (A. chemistry   B. physics   C. history   D. literature).

21. Mayumi's sister is (A. 10   B. 16   C. 18) years old.

22. Mayumi's uncle and aunt live in (A. Tokyo   B. Hawaii).

23. Mayumi's uncle works at a (A. bank   B. kindergarten   C. dentist's office).

24. Mayumi's uncle and aunt do not eat (A. carrots   B. meat   C. rice).

25. Mayumi wants to go to a university in (A. Tokyo   B. Hawaii).

III.   Listen to the conversation between Ken and his Japanese friend Takashi. Mark A if the following statement is correct and mark B if the statement is wrong.

26. (A. 本当   B. ちがう)   Ken will eat hot Chinese noodle soup.

27. (A. 本当   B. ちがう)   Ken is hungry now.

28. (A. 本当   B. ちがう)   Ken will drink cola.

29. (A. 本当   B. ちがう)   The cola offered to Ken by his friend is cold.

30. (A. 本当   B. ちがう)   Ken already finished his Japanese homework.

31. (A. 本当   B. ちがう)   Ken likes speaking Japanese.

32. (A. 本当   B. ちがう)   Ken likes studying *kanji*.

33. (A. 本当   B. ちがう)   Ken likes math and science.

34. (A. 本当   B. ちがう)   Ken's friend likes math and science.

35. (A. 本当   B. ちがう)   Ken and his friend will go to a movie next Saturday.

文化コーナー：ことわざ　　　　　　　　　　日付:＿＿＿＿＿＿＿＿＿＿＿＿＿＿＿＿

I. Provide an example that would illustrate the proverb「二度あることは三度ある」. Try to draw from your own experiences or the experiences of someone you know. Write in Japanese if you can.

＿＿

＿＿

＿＿

＿＿

II. Circle the correct response, based on the Culture Notes from this lesson.

だるま was named after (A. a Chinese   B. a Japanese   C. an Indian) Buddhist priest who sat in meditation on a rock for many years, and therefore lost his (A. eyes   B. legs   C. ears). The だるま is now considered a good luck doll since when one tries to knock it down, it (A. does not move   B. returns to its upright position   C. stays down). The Japanese proverb (A. 七ころび八おき   B. 二度あること三度ある   C. いしの上にも三年) exemplifies the spirit of the だるま. It is said that when one experiences success or good luck, one should paint in one (A. leg   B. ear   C. eye) and paint in the other one the next time one experiences another lucky event.

III. Read the following dialogue and circle all of the あいづち you see.

[ホストファミリーのお母さんとローラの会話]

お母さん：ローラさんのお母さんはようちえんの先生なの？

　ローラ：ええ、そうです。母は小さい子どもが大好きです。

お母さん：あ、そう。やさしい方でしょうね。

　ローラ：私も先生になりたいんですけど...

　　　　　姉のリアも小学校の先生をしています。

二課

お母さん：本当？すばらしいわね。

　　　　　ローラさんも小学校の先生になるの？

　ローラ：ええと。まだよく分かりませんが、高校で数学か化学を

　　　　　教えたいんです。

お母さん：へえ。数学と化学が好きなの。

　ローラ：ええ。ほかの科目よりおもしろいですから...

IV. Listen to your own conversations with your friends. What are some of the most common
　　あいづち you and your friends use in English? What would be their equivalents in Japanese?

_____

_____

_____

V. Match the Japanese school activities on the left with the correct explanations on the right.

_____1. 文化祭　　　　　　A. Students and parents celebrate at a formal graduation ceremony.

_____2. 運動会　　　　　　B. Students travel with their classmates on trips to famous areas
　　　　　　　　　　　　　　　　　in Japan or abroad.

_____3. 修学旅行　　　　　C. Students participate in formal ceremonies marking the opening
　　　　　　　　　　　　　　　　　of the new school year and entering the school.

_____4. 入学式　　　　　　D. Elementary school students enjoy sports competitions in the fall.

_____5. 卒業式　　　　　　E. High school students participate in competitive sports events.

_____6. 体育際　　　　　　F. Students enjoy various exhibits, demonstrations, hands-on
　　　　　　　　　　　　　　　　　activities, entertainment and food on their school campus.

VI. 漢字：　Complete the following *kanji* combinations by choosing the appropriate *kanji* from the box
　　　　　at the right to fill in the blanks below. Write the English meaning in the parentheses.

Ex. 旅＿行＿ (　　travel　　)　　4. ＿＿＿外 (　　　　　　)

1. ＿＿＿園 (　　　　　)　　　5. 教＿＿＿ (　　　　　　)

2. 文＿＿＿ (　　　　　)　　　6. 午＿＿＿ (　　　　　　)

3. 花＿＿＿ (　　　　　)　　　7. 着＿＿＿ (　　　　　　)

旅	物
公	後
化	屋
室	海

文法：〜という〜, 〜とか〜　　　　　日付:＿＿＿＿＿＿＿＿＿＿＿＿＿＿＿＿

I. Answer the following questions by filling in the blanks with the appropriate responses. Your response does not need to contain the という form.

1. あなたの学校は何という学校ですか。

　　私の学校は＿＿＿＿＿＿＿＿＿＿＿＿＿＿＿＿という学校です。

2. 「うつくしい」という漢字が書けますか。

　　＿＿＿＿＿＿＿、＿＿＿＿＿＿＿＿＿＿＿＿＿＿＿＿＿＿。

3. カルピスという日本の飲み物を飲んだことがありますか。

　　＿＿＿＿＿＿＿、＿＿＿＿＿＿＿＿＿＿＿＿＿＿＿＿＿＿。

4. あなたの学校に文化祭という行事がありますか。

　　＿＿＿＿＿＿＿、＿＿＿＿＿＿＿＿＿＿＿＿＿＿＿＿＿＿。

5. 今年の日本語の先生は何という先生ですか。

　　　　　　　　＿＿＿＿＿＿＿＿＿＿＿＿＿＿という先生です。

II. Answer the following questions by filling in the appropriate responses. Pay close attention to the particles in the responses.

1. タイタニックはどんな映画ですか。

　　＿＿＿＿＿＿＿＿という＿＿＿＿＿＿(movie) は＿＿＿＿＿＿＿＿です。

2. ディズニーワールド に行ったことがありますか。

　　＿＿＿＿、＿＿＿＿＿＿＿＿という＿＿＿＿(place) へ＿＿＿＿＿＿＿＿。

3. クール エイドが好きですか。

　　＿＿＿＿、＿＿＿＿＿＿＿＿という＿＿＿＿＿(drink) が＿＿＿＿＿＿＿＿。

4. どんな歌が好きですか。

　　＿＿＿＿＿＿＿＿＿という＿＿＿＿＿＿(song) が＿＿＿＿＿＿＿＿。

5. どんな学校行事が好きですか。

　　＿＿＿＿＿＿＿＿＿という＿＿＿＿＿＿(school event) が＿＿＿＿＿＿＿＿。

二課

III. Answer the following questions using とか.

Ex. どんなスポーツが好きですか。

　　<u>野球とかバスケットボールが好きです。</u>

1. 何の科目が得意ですか。

　　_____

2. どこで本を読みますか。

　　_____

3. 将来、どんな国へ旅行したいですか。

　　_____

4. 今年、何のクラスを取っていますか。

　　_____

5. どんな食べ物が好きですか。

　　_____

6. あなたの学校にはどんな問題がありますか。

　　_____

IV. 漢字：Write the *kanji* with the opposite meaning from the list below. Use the *okurigana* if necessary. Use each once only.

Ex. 安い ⇔ ___高い___　　5. 私立 ⇔ _____

1. 前 ⇔ _____　　6. ならう ⇔ _____

2. 男子 ⇔ _____　　7. 着く ⇔ _____

3. 午後 ⇔ _____　　8. 山 ⇔ _____

4. 入口 ⇔ _____　　9. 多い ⇔ _____

　　┌─────────────────────────────────────┐
　　│ 公立、海、少、教、午前、後、出口、高、出、女子 │
　　└─────────────────────────────────────┘

文法：～かえる, Modifying Sentence　　　日付:_____

I. Convert the following verbs into the -かえる form. Define each in English.

Ex. のる　⇒　___のりかえる___　　　___transfer___

1. 着る　⇒　_____　　　_____

2. 書く　⇒　_____　　　_____

3. 入れる⇒　_____　　　_____

4. はく　⇒　_____　　　_____

5. 取る　⇒　_____　　　_____

6. 作る　⇒　_____　　　_____

II. Choose from one of the verbs you wrote above and fill in the blanks below. Change the form of the verb if necessary.

1. このバスは妹の幼稚園に行かないから、ショッピングセンターでバスを

_____。

2. その箱はちょっと小さいから、もっと大きい箱に_____。

3. 私のシャツはきたない。家へ帰って、_____。

4. このレポートはあまり良くないから、もう一度_____。

III. Write your own sentences using the following verbs.

1. 着かえる　_____

2. はきかえる　_____

3. 作りかえる　_____

IV. 漢字：Write an appropriate kanji in each of the blanks.

スタンフォードという大学は____立で、男____共学だ。授業料はとても

____い。キャンパスには____とか____とか草とか緑がとても多くて、

きれいだ。大学だから、制服を____なくてもいい。

二課

V. Fill in the blank with X (no particle), な or の. Write the English equivalent.

ALL NOUN MODIFIERS IN JAPANESE APPEAR BEFORE THE NOUN BEING MODIFIED.			
Noun	友だち	の 犬	friend's dog
い Adjective	かわいい	X 犬	cute dog
な Adjective	元気	な 犬	healthy dog
Pre-Nominative	この	X 犬	this dog
Verbs (Clause)	ちがう	X 犬	different dog
	ねている	X 犬	sleeping dog; dog that is sleeping

Ex. あの＿＿X＿＿行事は楽しかった。　　　　That event was fun.＿＿＿＿＿＿

1. 古い＿＿＿男子校だ。　　　　＿＿＿＿＿＿＿＿＿＿

2. 赤い＿＿＿花だ。　　　　＿＿＿＿＿＿＿＿＿＿

3. 白と黒＿＿＿犬だ。　　　　＿＿＿＿＿＿＿＿＿＿

4. 百ドル＿＿＿くつを買った。　　　　＿＿＿＿＿＿＿＿＿＿

5. おもしろい＿＿＿お話だった。　　　　＿＿＿＿＿＿＿＿＿＿

6. きらい＿＿＿食べ物じゃない。　　　　＿＿＿＿＿＿＿＿＿＿

7. 有名＿＿＿人だ。　　　　＿＿＿＿＿＿＿＿＿＿

8. あそこは毎日行く＿＿＿所だ。　　　　＿＿＿＿＿＿＿＿＿＿

9. 土曜日は天気がいい＿＿＿日だった。　　　　＿＿＿＿＿＿＿＿＿＿

10. どんな＿＿＿部活動がある？　　　　＿＿＿＿＿＿＿＿＿＿

11. おさしみを食べない＿＿＿人はだれ？　　　　＿＿＿＿＿＿＿＿＿＿

12. 大変＿＿＿事があった。　　　　＿＿＿＿＿＿＿＿＿＿

13. この＿＿＿人はだれ？　　　　＿＿＿＿＿＿＿＿＿＿

14. 平和＿＿＿所だと思う。　　　　＿＿＿＿＿＿＿＿＿＿

15. 帰る＿＿＿時間は五時だ。　　　　＿＿＿＿＿＿＿＿＿＿

16. 良くない＿＿＿教育だと思う。　　　　＿＿＿＿＿＿＿＿＿＿

文法：Modifying Sentence　　　　　　　日付:＿＿＿＿＿＿＿＿＿＿＿＿＿＿＿

I. For each group, circle the words that fit in the category.

1. 朝食に食べる物	2. 教室の中にある物	3. 学校で出来ない事
アイスクリーム	コンピューター	たばこをすう
ホットケーキ	銃（じゅう）	昼食を食べる
トースト	机（つくえ）	麻薬を売る（まやく）
パスタ	時計（とけい）	スケートボードをする
たまご	人参（にんじん）	サーフィングをする
シリアル	チョーク	くつをはく

II. List two things that belong in each category.

1. 私の学校で取れる（と）科目（かもく）　　　＿＿＿＿＿＿＿＿　＿＿＿＿＿＿＿＿

2. 日本人が好きで、よく食べる物　　　＿＿＿＿＿＿＿＿　＿＿＿＿＿＿＿＿

3. 今年日本語のクラスで勉強した（べんきょう）漢字　　　＿＿＿＿＿＿＿＿　＿＿＿＿＿＿＿＿

4. 私の家にない物　　　＿＿＿＿＿＿＿＿　＿＿＿＿＿＿＿＿

5. クリスマスに友達にあげたい物　　　＿＿＿＿＿＿＿＿　＿＿＿＿＿＿＿＿

III. Match the words and clauses that best correspond to one another.

＿＿＿＿　1. アメリカ人が話すことば

＿＿＿＿　2. 日本人が毎日食べる物

＿＿＿＿　3. 体（からだ）に悪い（わる）物

＿＿＿＿　4. カリフォルニアにある有名（ゆう）な所

＿＿＿＿　5. 毎年サンタクロースが来る日

＿＿＿＿　6. 漢字で一番やさしい字

＿＿＿＿　7. 朝食に飲む（の）飲み物（の）

＿＿＿＿　8. 子供（ども）が好きなデザート

A. １２月２５日
B. アイスクリーム
C. 一
D. 英語（えい）
E. ディズニーランド
F. ご飯（はん）
G. 麻薬（まやく）
H. オレンジジュース

IV. Fill in the blanks with the appropriate words.

1. ＿＿＿＿＿＿＿＿＿＿＿はアメリカで有名で、授業料が高い私立大学です。

2. 私の日本語の授業が始まる時間は ＿＿＿＿＿＿＿＿＿＿ です。

3. 学校で友達と昼食を食べに行く所は ＿＿＿＿＿＿＿＿＿＿です。

4. 静かに勉強出来る所は ＿＿＿＿＿＿＿＿＿です。

5. 友達の中で、日本語が分からない人は ＿＿＿＿＿＿＿＿＿です。

6. ＿＿＿＿＿＿＿＿＿＿＿は数学のクラスがある建物です。

7. この学校にない部活は＿＿＿＿＿＿＿＿＿です。

V. Answer the questions below, using complete sentences.

Ex. 毎朝起きる時間は、何時ですか。

　毎朝おきる時間は、午前六時です。＿＿＿＿＿＿＿＿＿＿＿＿＿＿＿

1. 今住んでいる所は、どこですか。

＿＿＿＿＿＿＿＿＿＿＿＿＿＿＿＿＿＿＿＿＿＿＿＿＿＿＿＿＿＿＿＿＿

2. 今勉強している外国語は、何語ですか。

＿＿＿＿＿＿＿＿＿＿＿＿＿＿＿＿＿＿＿＿＿＿＿＿＿＿＿＿＿＿＿＿＿

3. ゆうべ寝た時間は、何時でしたか。

＿＿＿＿＿＿＿＿＿＿＿＿＿＿＿＿＿＿＿＿＿＿＿＿＿＿＿＿＿＿＿＿＿

4. 日本語の宿題が分からなければ、どうしますか。

＿＿＿＿＿＿＿＿＿＿＿＿＿＿＿＿＿＿＿＿＿＿＿＿＿＿＿＿＿＿＿＿＿

VI. In each group below, cross out the word that does not belong. Explain why in English.

1. 昼食, 食後, 夕食, 朝食 ＿＿＿＿＿＿＿＿＿＿＿＿＿＿＿＿＿

2. パーマをかける, 化粧をする, 留学する ＿＿＿＿＿＿＿＿＿＿＿

3. 化学, 行事, 数学, 物理 ＿＿＿＿＿＿＿＿＿＿＿＿＿＿＿＿＿

4. 運動会, 文化祭, 放課後 ＿＿＿＿＿＿＿＿＿＿＿＿＿＿＿＿＿

5. 塾, まやく, いじめ, 銃 ＿＿＿＿＿＿＿＿＿＿＿＿＿＿＿＿＿

6. 入学式, 今学期, 卒業式 ＿＿＿＿＿＿＿＿＿＿＿＿＿＿＿＿＿

文法：Modifying Sentence　　　　　　　日付:＿＿＿＿＿＿＿＿＿＿＿＿＿＿＿＿

I. Fill in the blank with the correct form of the noun modifier using the information provided in parentheses. Circle リア or エミ according to who is being correctly described.

リア　　　　　　　　　　　　　　エミ

Ex. ＿＿＿＿外にいる＿＿＿＿＿＿＿＿女の子は （リア　エミ） さんです。

　　　（外にいます）

1. ＿＿＿＿＿＿＿＿＿＿＿＿＿＿＿＿女の子は （リア　エミ） さんです。

　　　（家の中にいます）

2. ＿＿＿＿＿＿＿＿＿＿＿＿＿＿＿＿女の子は （リア　エミ） さんです。

　　　（目が大きいです）

3. ＿＿＿＿＿＿＿＿＿＿＿＿＿＿＿＿女の子は （リア　エミ） さんです。

　　　（目があまり大きくありません）

4. ＿＿＿＿＿＿＿＿＿＿＿＿＿＿＿＿女の子は （リア　エミ） さんです。

　　　（やさいがきらいです）

5. ＿＿＿＿＿＿＿＿＿＿＿＿＿＿＿＿女の子は （リア　エミ） さんです。

　　　（テニスが上手ではありません）

6. ＿＿＿＿＿＿＿＿＿＿＿＿＿＿＿＿女の子は （リア　エミ） さんです。

　　　（ねこといすにすわっています）

7. ＿＿＿＿＿＿＿＿＿＿＿＿＿＿＿＿女の子は （リア　エミ） さんです。

　　　（すわっていません）

二課

II. Study the picture, then fill in the blanks to answer the questions below in Japanese. <u>Use clauses</u>.

Ex. Who is the girl reading the newspaper?

新聞を ___読んでいる___ 女の子は ___あきこ___ さんです。

1. Who is the person sleeping on the couch (ながいす)?

ながいすに ＿＿＿＿＿＿＿＿＿＿＿＿＿ 人は ＿＿＿＿＿＿＿ さんです。

2. Who is the person talking with Yuki?

ゆきさんといっしょに＿＿＿＿＿＿＿＿＿＿＿人は ＿＿＿＿＿＿＿さんです。

3. Who is the person wearing glasses?

めがねを ＿＿＿＿＿＿＿＿＿＿＿＿ 人は ＿＿＿＿＿＿＿ さんです。

4. Who is the boy watching T.V.?

テレビを ＿＿＿＿＿＿＿＿＿ 男の子は ＿＿＿＿＿＿＿ さんです。

5. Who is the person sitting next to Yuko?

ゆうこさんのそばに＿＿＿＿＿＿＿＿＿＿＿ 人は ＿＿＿＿＿＿＿ さんです。

6. Who are the boys in this room?

この部屋に ＿＿＿＿＿＿＿＿ 男の子は ＿＿＿＿＿＿＿ さんと

＿＿＿＿＿＿＿ さんと ＿＿＿＿＿＿＿ さんです。

文法：〜として，〜時　　　　　　　　日付:＿＿＿＿＿＿＿＿＿＿＿＿＿＿＿＿

I. Circle はい or いいえ based on your opinion.

1. あなたは、高校生として背が高いですか。　　　　　　　　（はい　いいえ）

2. 日本語は、外国語としてむずかしいと思いますか。　　　　　（はい　いいえ）

3. あなたの高校は、学校としていい学校だと思いますか。　　　（はい　いいえ）

4. 今のアメリカの大統領 (President) は、大統領としていいと思いますか。

　　　　　　　　　　　　　　　　　　　　　　　　　　　　（はい　いいえ）

II. Match:

＿＿＿＿　1. 卒業式の時、　　　　　　A.　よく勉強する。

＿＿＿＿　2. 試験がある時、　　　　　B.　ピクニックに行こう。

＿＿＿＿　3. 天気がいい時、　　　　　C.　プレゼントをたくさんもらった。

＿＿＿＿　4. 雨が降った時、　　　　　D.　そうじをしなくてもいい。

＿＿＿＿　5. 部屋がきれいな時、　　　E.　道で車を運転するのはあぶない。

III. Circle the correct verb form.

1. よる（寝る　寝た）時、「お休みなさい。」と言う。

2. 学校に（着く　着いた）時、すぐロッカーに行く。

3. 食事を（する　した）時に、「いただきます。」と言う。

4. 食事を（する　した）時に、「ごちそうさま。」と言う。

IV. Complete the following sentences.

1. 寒い時、　　　　＿＿＿＿＿＿＿＿＿＿＿＿＿＿＿＿＿＿＿＿＿＿＿＿＿＿＿

2. お天気が良くない時、＿＿＿＿＿＿＿＿＿＿＿＿＿＿＿＿＿＿＿＿＿＿＿＿＿

3. クラスがない時、＿＿＿＿＿＿＿＿＿＿＿＿＿＿＿＿＿＿＿＿＿＿＿＿＿＿＿

4. パーティーをする時、＿＿＿＿＿＿＿＿＿＿＿＿＿＿＿＿＿＿＿＿＿＿＿＿＿

5. 友達が家へ来た時、＿＿＿＿＿＿＿＿＿＿＿＿＿＿＿＿＿＿＿＿＿＿＿＿＿＿

6. 日本人は食事をする時、＿＿＿＿＿＿＿＿＿＿＿＿＿＿＿＿＿＿＿＿＿＿＿＿

V. Using 時, describe when (on what occasions) you go to the following places.

Ex. マクドナルドへ　ビッグマックを食べたい時に、行きます。

1. 図書館へ _____

2. 空港へ　　_____
   くうこう

3. スーパーへ _____

4. 病院へ　　_____
   びょういん

VI. Using 時, describe what you:

1. did after you went home yesterday.

   _____

2. did when you went to sleep last night.

   _____

3. did when you came to Japanese class today.

   _____

4. will do when you are a college student.

   _____

5. will do when you graduate from college.

   _____

VII. Write the correct *kanji*, then choose whether the sentence is true (T) or false (F).

1. (T　F)　私の学校は_____ _____の_____ _____校だ。
   　　　　　　　　　　し　　りつ　　　だん　　し

2. (T　F)　私の学校では女の子はお_____粧をしてもいい。
   　　　　　　　　　　　　　　　　　　　け

3. (T　F)　日本語の_____ _____の_____に_____ _____の机がある。
   　　　　　　　　きょう　しつ　なか　　せん　せい　　　つくえ

　　　　　　名前:＿＿＿＿＿＿＿＿＿＿＿＿

お話　　　　　　　　　　　　　　　　　　日付:＿＿＿＿＿＿＿＿＿＿＿＿

I. Read the narrative in Lesson 2 in the text and circle 本当 or ちがう based on the narrative.

1. (本当　ちがう)　　ケンが行っている学校は私立だ。

2. (本当　ちがう)　　ケンが行っている学校の授業料はアメリカのより安い。

3. (本当　ちがう)　　ケンが行っている学校は緑が少ない。

4. (本当　ちがう)　　ケンが行っている学校の規則はきびしい。

5. (本当　ちがう)　　ケンが行っている学校では生徒がトイレをそうじする。

6. (本当　ちがう)　　ケンが行っている学校は問題が全然ない。

II. Read the narrative in Lesson 2 in the text. Of Ken's observations about the high schools in Japan, list at least six differences Ken notices about Japanese schools as compared to American schools. Write in Japanese.

1. ＿＿＿＿＿＿＿＿＿＿＿＿＿＿＿＿＿＿＿＿＿＿＿＿＿＿＿＿＿＿＿＿＿＿

2. ＿＿＿＿＿＿＿＿＿＿＿＿＿＿＿＿＿＿＿＿＿＿＿＿＿＿＿＿＿＿＿＿＿＿

3. ＿＿＿＿＿＿＿＿＿＿＿＿＿＿＿＿＿＿＿＿＿＿＿＿＿＿＿＿＿＿＿＿＿＿

4. ＿＿＿＿＿＿＿＿＿＿＿＿＿＿＿＿＿＿＿＿＿＿＿＿＿＿＿＿＿＿＿＿＿＿

5. ＿＿＿＿＿＿＿＿＿＿＿＿＿＿＿＿＿＿＿＿＿＿＿＿＿＿＿＿＿＿＿＿＿＿

6. ＿＿＿＿＿＿＿＿＿＿＿＿＿＿＿＿＿＿＿＿＿＿＿＿＿＿＿＿＿＿＿＿＿＿

III. In English, write which of the Japanese school rules or practices you like least. Why? Which of the practices would you not mind having at your school?

＿＿＿＿＿＿＿＿＿＿＿＿＿＿＿＿＿＿＿＿＿＿＿＿＿＿＿＿＿＿＿＿＿＿＿＿＿

＿＿＿＿＿＿＿＿＿＿＿＿＿＿＿＿＿＿＿＿＿＿＿＿＿＿＿＿＿＿＿＿＿＿＿＿＿

＿＿＿＿＿＿＿＿＿＿＿＿＿＿＿＿＿＿＿＿＿＿＿＿＿＿＿＿＿＿＿＿＿＿＿＿＿

　　　　　　　　　　　　　　　　　　　　二課

IV. Fill in the blank with an appropriate word. Choose from the box below.

1. 私の学校の＿＿＿＿＿＿＿＿＿はとても高い。一万五千ドルぐらいだ。

2. 毎日、学校へ父の車で＿＿＿＿＿＿＿＿＿。

3. 日本の高校生は放課後、よく＿＿＿＿＿＿＿＿＿に行って、勉強する。

4. 日本ではくつを＿＿＿＿＿＿＿＿＿、家に入る。

5. たばこは体に良くないから、＿＿＿＿＿＿＿＿＿下さい。

6. 十二月はクリスマスとハヌカで、おもしろい＿＿＿＿＿＿＿＿＿が
   たくさんある。

7. たくさんの＿＿＿＿＿＿＿＿＿をしている。でも、バンドが一番好きだ。

8. 夏休みに家族と＿＿＿＿＿＿＿＿＿をした。ヨーロッパはとても
   良かった。

じゅく	先学期	行事	やめて
かよっている	部活	しばふ	やって
ぬいで	海外旅行	じゅぎょうりょう	はきかえて

V. Write the underlined *hiragana* in *kanji*. Use *okurigana* if necessary.

1. いもうとのしょうがっこうは、しりつのじょしこうだ。

2. このこう園にあるうつくしいはなのなまえをしりません。

3. かがくのきょうしつにごぜんはちじはんについた。

4. あねはかいがいりょこうでちゅうごくへいった。

5. きものをきると、にほんのぶんかがよくわかる。

名前:＿＿＿＿＿＿＿＿＿＿＿＿＿＿＿＿＿＿

日付づけ:＿＿＿＿＿＿＿＿＿＿＿＿＿＿＿＿＿

You may not understand all the Japanese,
but use the context to help you comprehend as much as you can!

I. Listen to the descriptions of the people in the library. Choose True or False.

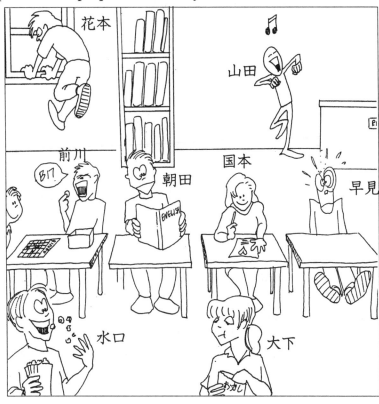

1. (A. True   B. False)   3. (A. True   B. False)   5. (A. True   B. False)

2. (A. True   B. False)   4. (A. True   B. False)   6. (A. True   B. False)

II.   Listen to the following conversations. Choose the most appropriate answer from the choices
given.

会話 1

7. What subject is both Ken and Mari taking?

   (A. English   B. physics   C. chemistry   D. history   E. literature)

8. What subject is Ken good at?

   (A. English   B. physics   C. chemistry   D. history   E. literature)

9. What subject is Mari not good at?

   (A. English   B. physics   C. chemistry   D. history   E. literature)

10. Who will teach chemistry?   (A. Mari   B. Ken)

二課

会話 2

11. What kind of school is Ken attending?

(A. private boys'   B. private co-ed   C. public co-ed) school.

12. What kind of school is Mari attending?

(A. private girls'   B. private co-educational   C. public co-ed) school.

13. Where is Ken's school?   (A. Tokyo   B. Yokohama)

14. Where is Mari's school?   (A. Tokyo   B. Yokohama)

15. Which school has stricter rules?   (A. Ken's   B. Mari's)

16. Which school has uniforms?   (A. Ken's   B. Mari's)

17. Which school allows permed hair?   (A. Ken's   B. Mari's)

18. Which extra-curricular activity is Ken involved in now?   (A. tennis   B. *aikido*)

19. Which extra-curricular activity is Mari involved in now?   (A. tennis   B. *aikido*)

20. What are they going to do together later?   (A. study   B. play tennis   C. practice *aikido*)

会話 3

21. What time does Mari have to go to school?   (A. 7:00   B. 7:30   C. 8:00   D. 8:30)

22. What time does Ken have to go to school?   (A. 7:00   B. 7:30   C. 8:00   D. 8:30)

23. What does Mari have first in the morning at school?   (A. homeroom   B. class)

24. What time does Mari's school end?   (A. 3:05   B. 3:25   C. 3:30   D. 4:00)

25. What time does Ken's school end?   (A. 3:05   B. 3:25   C. 3:30   D. 4:00)

26. Does Ken have to clean up at his school?   (A. Yes   B. No)

27. What time does Ken usually go home?   (A. 3:05   B. 3:30   C. 6:00   D. 6:30   E. 7:00)

28. What time does Mari usually go home when she has an extra-curricular activity?

(A. 3:05   B. 3:30   C. 6:00   D. 6:30   E. 7:00)

29. What means of transportation does Mari use to go to school?

(A. car   B. bicycle   C. train   D. bus   E. on foot)

30. How long does it take from Mari's house to school?

(A. 10   B. 20   C. 30   D. 40) minutes

31. What means of transportation does Ken use to go to school?

(A. car   B. bicycle   C. train   D. bus   E. on foot)

I. Read the Culture Notes on writing letters from this lesson. Identify the parts of the letter according to the letter from this lesson. Write the correct numbers in the blanks.

1. Opening	4. Final Greeting	7. Writer's Name
2. Preliminary Greeting	5. Closing	8. Receiver's Name
3. Body	6. Date	9. Postscript

_____ 山本花子先生

_____ けいぐ

_____ ケンスミス

_____ では、お元気で。

_____ 十一月二十日

_____ はいけい

_____ 秋になり、随分さむくなって来ました。

_____ さて、日本の学校生活にもなれましたが、大変なことも多いです。

II. Read the Culture Notes from this lesson, then read the statements below. Write ◯ if the statement is TRUE and X if the statement is FALSE. If it is false, underline the word(s) that make it false and make corrections.

_____ 1. When writing the receiver's name on the envelope, one must always write -SAMA after the person's name.

_____ 2. The writer's name and address are written on the back right half of the envelope.

_____ 3. Postscripts in letters are to be avoided when you are writing to a superior.

_____ 4. The opening of a letter can start with はいけい, けいぐ, or ぜんりゃく.

_____ 5. Unlike American letters, stamps are placed on the upper left hand side of the front face of the envelope.

_____ 6. Letters following the fixed format of the Japanese letter and written neatly in black pen show that the sender has respect for the receiver.

_____ 7. お礼状は早く出した方がいいです。

三課

III. 漢字: Connect the *kanji* at the top with the *kanji* at the bottom to make a *kanji* compound. Rewrite the *kanji* compounds and their meanings as shown in the example below.

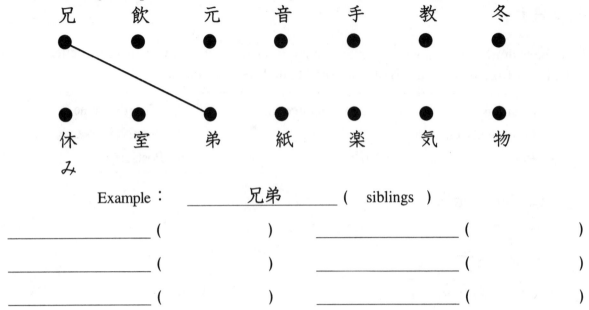

兄　　飲　　元　　音　　手　　教　　冬

●　　●　　●　　●　　●　　●　　●

●　　●　　●　　●　　●　　●　　●

休　　室　　弟　　紙　　楽　　気　　物
み

Example： _____兄弟_____ (　siblings　)

_____ (　　　　　) 　　_____ (　　　　　)

_____ (　　　　　) 　　_____ (　　　　　)

_____ (　　　　　) 　　_____ (　　　　　)

IV. 漢字: Using the pictures below, fill in the boxes with the appropriate *kanji* from this lesson.

1. [　]　　2. [　]　　3. [　]　　4. [　]　　5. [　|　]

6. [　] がふります。　　7. [　|　] です。　　8. [　] _{いくかん}育館

9. [　|　]　　10. [　|　]　　11. [　] しい　　12. [　] こんにゃく

三課　　　　　　32

I. Match by writing the correct letter of the sentence endings in the box below.

＿＿＿ 1. かぜをひいたので、

＿＿＿ 2. 明日はいい天気なので、

＿＿＿ 3. この音楽は随分うるさいので、

＿＿＿ 4. もう歯を磨いたので、

＿＿＿ 5. お金がないので、

＿＿＿ 6. リーさんは真面目なので、

＿＿＿ 7. いつか日本の大学に留学したいので、

A. 新しい服が買えない。	E. デザートはいらない。
B. 友達とピクニックをする。	F. 明日、学校を休む。
C. 日本語を一生懸命勉強しなければならない。	G. いつも宿題を全部する。
D. 音を少し小さくする。	

II. Complete each sentence by choosing a word from the box below and writing it in its appropriate form.

飲みました	あります	食べません	つらかったです
なりました	きらいです	ひuntil でした	はっぴょうします

1. 薬を＿＿＿＿＿＿＿＿＿ので、元気になりました。

2. 夏子さんはやさいしか＿＿＿＿＿＿＿＿＿ので、ステーキはだめですよ。

3. ゆうべは＿＿＿＿＿＿＿＿＿ので、映画を見に行きました。

4. 日本でお世話に＿＿＿＿＿＿＿ので、お礼状を書かなければなりません。

5. 家事が＿＿＿＿＿＿＿ので、手伝いません。

6. クラスの前でプロジェクトを＿＿＿＿＿＿＿＿＿ので、とても
緊張(nervous)しています。

7. コンピューターが＿＿＿＿＿＿＿＿＿ので、電子メールを
受け取れますよ。

8. アルバイトは＿＿＿＿＿＿＿＿＿ので、やめました。

III. Complete the sentences.

1. ぼくはまだ十五才なので、 _____。

2. ゆうべあまり寝<ruby>寝<rt>ね</rt></ruby>ていないので、_____。

3. 昨日は暑<ruby>暑<rt>あつ</rt></ruby>かったので、_____。

4. <ruby>将<rt>しょう</rt></ruby>来、<ruby>医<rt>い</rt></ruby><ruby>者<rt>しゃ</rt></ruby>になりたいので、_____。

IV. Answer the questions using 〜ので.

1. どうして宿題をしませんでしたか。

_____。

2. どうして日本語を<ruby>勉強<rt>べんきょう</rt></ruby>していますか。

_____。

V. Answer the questions based on your own daily routine.

1. 朝シャワーをあびますか。<ruby>夜<rt>よる</rt></ruby>シャワーをあびますか。

_____。

2. 一日に何度、<ruby>歯<rt>は</rt></ruby>を<ruby>磨<rt>みが</rt></ruby>きますか。

_____。

VI. Find the incorrect *kanji* in each of the sentences below. Put an X over each incorrect *kanji* and write the correct *kanji* on the line provided at the right. Each sentence may contain more than one incorrect *kanji*.

Ex. もう一度<s>好</s>って下さい。　　　　　　　　　　言って ____

1. 私の趣<ruby>趣<rt>しゅ</rt></ruby>味は音学で、ギターとピアノをひく事が出来る。 ____

2. 今日、日本から手氏が来たよ。みんな天気だそうよ。 ____ ____

3. あの人は大きい休をしているね。 ____

4. 秋休みは十二月で、夏休みは三月だ。 ____ ____

5. 雨が<ruby>降<rt>ふ</rt></ruby>れば、スキーをすることが出来ますねえ。 ____

文法：〜のに　　　　　　　　　　　　日付:＿＿＿＿＿＿＿＿＿＿＿＿＿＿＿＿

I. Match.

＿＿＿ 1. 先月、手紙を出したのに、　　　　　A. もうアメリカに
　　　　　　　　　　　　　　　　　　　　　帰らなければならない。

＿＿＿ 2. 夏子さんは塾に通っているのに、　　B. 友達はまだ
　　　　　　　　　　　　　　　　　　　　　受け取っていない。

＿＿＿ 3. もう春なのに、　　　　　　　　　C. 昨日はうるさかったよ。

＿＿＿ 4. 日本の生活に慣れた(get used to)のに、　D. 成績は普通ですよ。

＿＿＿ 5. 誠くんはいつもおとなしいのに、　　E. まだ雪が降っていますね。

II. Fill in the blank with an appropriate word. Change the word to its appropriate form.

きびしいです	お金持ちです	貼っていませんでした
親切です	勉強しません	真面目でした
見ました	相談しました	

1. こわいゆめを＿＿＿＿＿＿のに、ぜんぜんこわくない。

2. 外山君は＿＿＿＿＿＿＿＿のに、最近(recently)まやくを使っているのよ。

3. 先生に＿＿＿＿＿＿＿＿＿のに、まだいじめの問題はある。

4. 日本の学校の規則は＿＿＿＿＿＿＿＿のに、生徒はパーマをかけたり、
お化粧をしたりしている。

5. 秋山さんは＿＿＿＿＿＿＿＿のに、古い車を運転しているね。

6. 先生はいつも＿＿＿＿＿＿＿＿のに、昨日はこわかったですよ。

7. 絵葉書に四十円の切手しか＿＿＿＿＿＿＿＿のに、友達は受け取ったよ。

8. 姉はぜんぜん＿＿＿＿＿＿＿＿＿＿のに、いつもいい成績をもらう。

III. Using 〜のに, write about something that did not turn out as you expected.

＿＿＿＿＿＿＿＿＿＿＿＿＿＿＿＿＿＿＿＿＿＿＿＿＿＿＿＿＿＿＿。

35　　　　　　　　　　　　　　　　三課

IV. Change the hint in the parenthesis to the appropriate form, then circle ～ので or ～のに in the brackets to appropriately complete the sentence.

1. あの先生は＿＿＿＿＿＿＿＿＿[ので・のに]、私も友達も好きです。
   （親切です）

2. 郵便局へ＿＿＿＿＿＿＿[ので・のに]、切手を買うのを忘れました。
   （行きました）

3. 明日、SAT の試験を＿＿＿＿＿＿＿＿＿＿[ので・のに]、今晩、早く
   寝ます。　　　　　（うけなければなりません）

4. 日本語を三年も＿＿＿＿＿＿＿＿＿[ので・のに]、まだ、上手に
   話せません。　　　（勉強しています）

5. 明日、小テストが＿＿＿＿＿＿[ので・のに]、勉強しなければ
   なりません。　　　（あります）

6. ゆうべ、早く＿＿＿＿＿＿＿[ので・のに]、朝は起きられませんでした。
   （寝ました）

7. 東京大学は日本で一番いい＿＿＿＿＿＿[ので・のに]、授業料は
   とても安いです。　　　　（大学です）

8. やさしい＿＿＿＿＿＿＿＿＿[ので・のに]、あまり良く出来ませんでした。
   （しけんでした）

9. 隆史くんは家事の手伝いはあまり＿＿＿＿＿＿[ので・のに]、お小遣いを
   もらいますよ。　　　　　　　　（しません）

10. 日本の車は＿＿＿＿＿＿＿ （ので・のに）、アメリカ人はよく
    買いますね。　（高いです）

V. Write the *kanji* with the opposite meaning.

1. 春　　⇔　＿＿＿＿　　4. 夏　　⇔　＿＿＿＿　　7. 午前　⇔　＿＿＿＿

2. 男子　⇔　＿＿＿＿　　5. 父　　⇔　＿＿＿＿　　8. 去年　⇔　＿＿＿＿

3. 海　　⇔　＿＿＿＿　　6. 安い　⇔　＿＿＿＿　　9. 病気　⇔　＿＿＿＿

三課　　　　　　　　36

文法：～んです／～のです　　　　　　　　日付:＿＿＿＿＿＿＿＿＿＿＿＿＿＿

I. ～んです／～のです is generally used in conversations. Complete the dialogues using
　～んです. Use the hints in the ( ) to fill in the blanks.

1. 寺本：どうして困った顔をしているんですか。

　　秋山：友達がまやくを＿＿＿＿＿＿＿＿＿＿んですよ。（使っています）

2. 秋子：随分大きいおむすびを＿＿＿＿＿＿＿んですねえ。

　　　　　　　　　　　　（食べています）

　　浩司：ええ、今朝から、何も＿＿＿＿＿＿＿＿＿＿んですよ。

　　　　　　　　　　　　（食べていません）

3. としお：日本のCDをたくさん持っていますねえ。

　　ジョン：ええ、日本の音楽が＿＿＿＿＿＿んですよ。　（好き）

4. 山田：＿＿＿＿＿＿んですか。　（ねむいです）

　　田中：ええ、ゆうべ、こわい夢を見て、あまり＿＿＿＿＿＿＿んですよ。

　　　　　　　　　　　　（ねられませんでした）

5. <At a clothing store.>

　　みち子：このブラウスはかわいいですね。

　　花子　：そうですね。

　　みち子：＿＿＿＿＿＿＿＿＿＿んですか。　（買いません）

　　花子　：ええ、ちょっと＿＿＿＿＿＿＿んですよ。　（高いです）

6. トム：よく＿＿＿＿＿＿＿＿＿＿んですね。（勉強します）

　　雄介：ええ、いい成績が＿＿＿＿＿＿＿んですよ。　（ほしいです）

7. ケリー：毎日、図書館に＿＿＿＿＿＿＿んですね。　（来ます）

　　春子　：ええ、ここは＿＿＿＿＿＿＿んですよ。　（静かです）

三課

II. 漢字コーナー: Write the ふりがな for the underlined *kanji* and write *kanji* for the underlined *hiragana*. Include おくりがな if necessary.

1. ♪　　はるになったら花見…　　あきになったら月見…　♪
　　　　　（　　　）　　　　　（　　　）（　　　）　　　（　　　）

2. ふゆやすみの間でも、部活の練習があって、全然らくになれなかった。
　　（　　　　）（　　　　）　　　　　　　　　　　　　　（　　　　　）

3. なつやすみに日本の友達にてがみを書いて出しました。
　　（　　　　　）　　　　　　　（　　　　　）

4. 祖父と祖母はとてもげんきで、毎年、海外旅行に行きますよ。
　　（　）（　）　　　　（　　　）（　　　）（　　　　　　）

5. 教室からうるさいおとが聞こえますねえ。
　　（　　　　）　　　（　　　）（　　　　　　）

6. ゆきが降るとゆきだるまを(snowman)作ることが出来るので、
　　（　）　　　（　）　　　　　　　　（　　　）（　　　　）

　　たのしくなります。ふゆはあたたかいのみものがおいしいです。
　　（　　　　　）　　　（　　　）　　　（　　　　）

7. 日本の高校生はどんなおんがくを聞くかしら。
　　　　（　　　　）　　（　　　　）

8. 安田あきこさん、川本はるこさん、あきやま花子さん。
　　（　　　　　）（　　　　　　）（　　　　　　）

9. 毎日、たい育館でいっしょう懸命練習するのよ。
　　　　（　）　　　（　　　　）

10. あねは、自転車で女子校に通っています。
　　（　）（　　　　）（　　　　）

文法：～てきた/いく，～た方がいい　　　日付:_____

I. Read the following questions and circle either はい or いいえ based on fact.

1. 日本語の勉強はむずかしくなってきたと思いますか。　　　（はい　いいえ）

2. 先生はきびしくなってきたと思いますか。　　　（はい　いいえ）

3. 最近(recently)、すずしくなってきたと思いますか。　　　（はい　いいえ）

4. これから寒くなっていくと思いますか。　　　（はい　いいえ）

5. 学校の授業料は高くなってきたと思いますか。　　　（はい　いいえ）

6. 学校の授業料は安くなっていくと思いますか。　　　（はい　いいえ）

7. あなたのお小遣いは多くなっていくと思いますか。　　　（はい　いいえ）

8. あなたは背が高くなっていくと思いますか。　　　（はい　いいえ）

9. あなたはやせてきたと思いますか。　　　（はい　いいえ）

10. 日本語の勉強はやさしくなっていくと思いますか。　　　（はい　いいえ）

II. As in the following example, complete each paragraph with a sentence using ～て来た.

Ex. 西田高校のバスケット部はおととし、バスケットの試合に全部
　　負けました。でも、去年は試合に二度勝ちました。今年は八度も
　　勝ちました。西田高校のバスケット部は＿＿つよくなってきた＿＿。

1. 和也は去年、九十五ポンドでしたが、今年は百四十ポンドになりました。
　　シャツはとてもきついです。新しい洋服を買わなければなりません。
　　和也は随分＿＿＿＿＿＿＿＿＿＿＿＿＿＿＿＿＿。

2. ビルさんの日本語の成績はいつもＡでした。でも、先週から、宿題は
　　全然して来ないんです。クラスにはいつもちこくして来るんです。
　　小テストの前の日もあまり勉強しないんです。
　　ビルさんの日本語の成績は＿＿＿＿＿＿＿＿＿＿＿＿＿＿＿。

三課

III. Read the following statements in the left column and match them with the appropriate advice from the right column.

____ 1. 金田さんにお世話になりました。　A. 早く寝た方がいいですよ。

____ 2. 日本の大学に留学したいです。　B. 先生に言った方がいいですよ。

____ 3. 宿題を忘れました。　C. 運転免許を取った方がいい

　　　　　　　　　　　　　　　　　　　ですよ。

____ 4. 車を運転したいんです。　D. お礼状を書いた方がいいですよ。

____ 5. 明日の朝、試験があります。　E. 日本語を一生懸命勉強した方が

　　　　　　　　　　　　　　　　　　　いいですよ。

IV. What advice would you give in the following situations?　Write your advice using the
　　〜た方がいいです.

Ex. 私は真面目に勉強していますが、成績はあまり良くないんです。

　　アドバイス：　　先生とそうだんした方がいいですよ　　　。

1. 旅行したいんですが、お金がないんですよ。

　　アドバイス：＿＿＿＿＿＿＿＿＿＿＿＿＿＿＿＿＿＿＿＿＿＿＿＿＿。

2. ハイヒールのくつは好きですが、いつも足がいたくなります。そして、
　　そのハイヒールは少し小さいです。

　　アドバイス：＿＿＿＿＿＿＿＿＿＿＿＿＿＿＿＿＿＿＿＿＿＿＿＿＿。

3. 私は毎日宿題をして、小テストの成績は悪くないです。でも、先生が
　　いつもクラスで日本語で話す時、全然分かりません。先生の話し方は
　　とてもはやいんですよ。どうしたらいいんですか。

　　アドバイス：＿＿＿＿＿＿＿＿＿＿＿＿＿＿＿＿＿＿＿＿＿＿＿＿＿。

V. Rewrite the following sentence using *kanji* you have learned.

　　あさはいいおてんきでしたが、おひるになってゆきがふってきました。

＿＿＿＿＿＿＿＿＿＿＿＿＿＿＿＿＿＿＿＿＿＿＿＿＿＿＿＿＿＿＿＿＿＿＿。

I. Read Ken's letter at the beginning of this lesson and answer the following questions.

  A. Write ◯ if the statement is TRUE and X if the statement is FALSE. <u>Correct false statements so that they become true.</u>

_____ 1. This letter was written at the beginning of the fall.

_____ 2. The writer said that he enjoys the Japanese school, but there are still many things

that are difficult for him.

_____ 3. The writter is a very active participant in his classes.

_____ 4. All subjects are difficult for the writer, so his teachers prepare a special exam for him.

_____ 5. The writer is very stressed and cannot sleep at night because he is having difficulty

understanding the Japanese language.

_____ 6. The writer studies very hard, but is still having difficulty with the Japanese language.

_____ 7. The writer is asking for his teacher's advice.

  B. What advice would you give Ken? Write your advice using 〜た方がいいんです 。

_____。

II. Answer the following questions based on fact.

1. だれに手紙を書きますか。　　　_____

2. 日本に手紙を出したことがありますか。_____

3. 電子メールを使っていますか。　_____

4. お礼状(thank-you letter) を書いたことがありますか。_____

5. だれにお礼状を書くはずですか。　なぜですか。[Use ので.]

_____

三課

III. Keith received this letter from Japan. Read the letter, then read the statements below. If the statement is TRUE, write ○ and if the statement is FALSE, write X.

はいけい
こちらはあつい毎日がつづいていますが、そちらはいかがでしょうか。みなさん、お元気ですか。私は元気で学校にかよっています。さて、そちらではいろいろお世話になりまして、ありがとうございました。でも、アメリカのホームステイははじめてでしたから、とても心配していました。でも、キースさんのご家族はみなさんとてもしんせつでしたから、おかげさまでとても楽しかったです。六日間だけでしたが、見物したり、買物したり、キャンプをしたりして、たくさん楽しい思い出があります。その時の写真を送りますね。キースさんもぜひ日本にあそびに来て下さいね。また会えるのを楽しみにしています。ご家族のみなさんによろしく。では、お元気で。

けいぐ

八月十五日

キース・ブラウン様

寺本夏子

_____ 1. 夏子さんがキースさんにこの手紙を書きました。

_____ 2. この手紙を書いた人は日本に住んでいます。

_____ 3. この手紙を書いた人はアメリカにホームステイをして、写真をたくさん取りました。

_____ 4. この手紙を書いた人はアメリカに六日間しかいませんでした。

_____ 5. この手紙を書いた人は手紙を写真といっしょに出しました。

☆ Write a thank-you letter to someone using the traditional Japanese letter format. It could be to your grandparents, a friend, or your former Japanese teacher. Use the two sheets of stationery on the following pages. Mail it in a regular envelope. Brighten someone's day by expressing your gratitude to someone special!

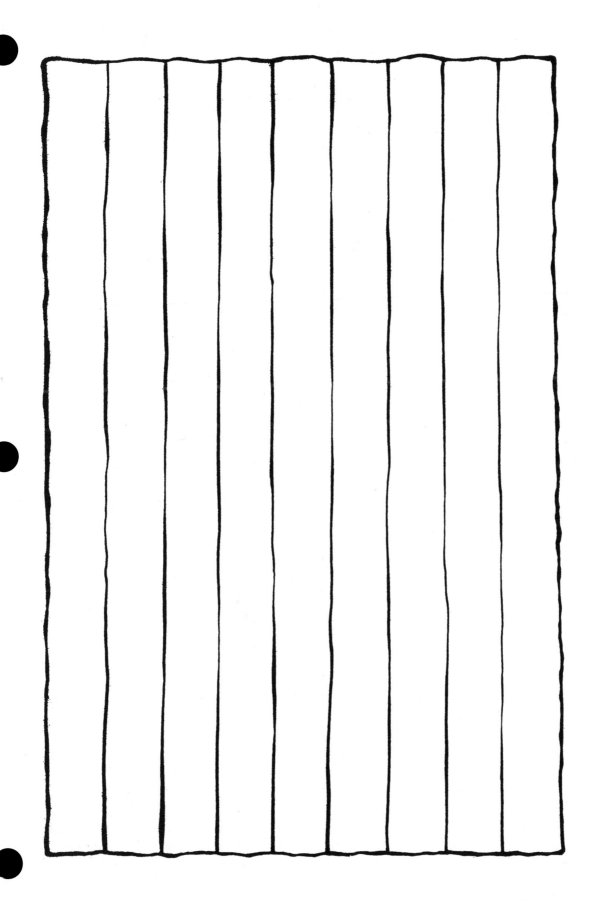

三課

三課

You may not understand all the Japanese,
but use the context to help you comprehend as much as you can!

I. You will hear descriptions of the people listed below. Mark A for true and B for false.

1. (A. True   B. False)   6. (A. True   B. False)

2. (A. True   B. False)   7. (A. True   B. False)

3. (A. True   B. False)   8. (A. True   B. False)

4. (A. True   B. False)   9. (A. True   B. False)

5. (A. True   B. False)   10. (A. True   B. False)

[Pictures for 1 to 5.]

A.	B.	C.	D.	E.

ひとし	えいじ	けんじ	きよし	とし子

[Pictures for 6 to 10.]

A.	B.	C.	D.	E.

けん	ゆうすけ	まゆみ	あきお	かずお

三課

II. Choose the most appropriate/useful expressions for the situations you hear.

11. (　　)　　12. (　　)　　13. (　　)　　14. (　　)　　15. (　　)

> A. おひさしぶりです。　B. おかげさまで。　　C. お世話になりました。
>
> D. しつれいします。　　E. お先に。

III. Mari and Emi are looking at a picture of a popular Japanese singing group. Based on their conversation, match the name of each member with his description from the box below.

> A. good-looking　B. quiet and serious　C. kind　D. funny　E. good character

16. たつや (　　)　　　　17. しんじ (　　)　　　　18. きよし (　　)

19. じろう (　　)　　　　20. かずひろ (　　)

IV. Listen again to the conversation between Mari and Emi. Mark A for true and B for false in the following statements.

21. (A. True　B. False)　　　Emi's favorite member is Shinji.

22. (A. True　B. False)　　　Mari's favorite member is Kiyoshi.

23. (A. True　B. False)　　　Jiro is good at dancing.

24. (A. True　B. False)　　　Tatsuya is the leader of the group.

25. (A. True　B. False)　　　Emi wants to write to the group.

アドベンチャー日本語3　4課－1　　　　　名前:＿＿＿＿＿＿＿＿＿＿＿＿＿＿＿＿

文化ノート　　　　　　　　　　　　　日付:＿＿＿＿＿＿＿＿＿＿＿＿＿＿＿＿

I. Read 文化コーナー. Fill in the blanks with the most appropriate word from the choices provided.

> A. the Chinese language　B. stylized　C. *kanji*　D. portion

1. *Kanji* is a writing system borrowed from (　　　　　　　　　　).

2. *Hiragana* and *katakana* were both derived from (　　　　　　　　　).

3. *Hiragana* is a (　　　　　　　　) version of a *kanji* representing a phonetic sound.

4. *Katakana* was formed by taking a (　　　　　　　　　) of a *kanji* that carried a certain phonetic

　sound.

II. List the *kanji* characters from the box below in the appropriate *kanji* categories.

> 時, 中, 読, 月, 三, 上, 魚, 木, 林, 明, 山, 作, 待, 下, 飲

1. 象形文字 : ＿＿＿＿＿＿＿＿＿＿＿＿＿　　3. 会意文字 : ＿＿＿＿＿＿＿＿＿＿＿＿＿

2. 指示文字 : ＿＿＿＿＿＿＿＿＿＿＿＿＿　　4. 形声文字 : ＿＿＿＿＿＿＿＿＿＿＿＿＿

III. Write the correct letter in the parentheses.

> A. 漢和辞典　B. 国語辞典　C. 和英辞典　D. 英和辞典

Which dictionary should you use :

1. when you do not know how to write a word in *kanji*?　　　　　(　　　　)

2. when you do not know the meaning of a *kanji*?　　　　　　　(　　　　)

3. when you need to find the Japanese meaning of an English word?　(　　　　)

4. when you need to find the English meaning of a Japanese word?　(　　　　)

IV. Why do you think it is necessary to learn how to write *kanji*? Answer in English.

＿＿＿＿＿＿＿＿＿＿＿＿＿＿＿＿＿＿＿＿＿＿＿＿＿＿＿＿＿＿＿＿＿＿＿＿＿＿＿

四課

V. Isolate the radical for each of the *kanji* in Box 2. Write the radical, then choose the name of the radical by writing the correct letter from Box 1. See the example.

Box 1:

へん	A. にんべん	B. さんずいへん	C. ぎょうにんべん
	D. ひへん	E. おんなへん	F. きへん
	G. うしへん	H. のぎへん	I. いとへん
	J. てへん	K. ごんべん	
つくり	L. おのづくり		
かんむり	M. うかんむり	N. くさかんむり	O. あめかんむり
	P. なべぶた		
あし	Q. こころ	R. ひとあし	
かまえ	S. もんがまえ	T. くにがまえ	U. きがまえ
	V. はこがまえ		
にょう	W. しんにょう		
たれ	X. やまいだれ		

Box 2:

漢字	ぶしゅ	ぶしゅの名前	漢字	ぶしゅ	ぶしゅの名前
何, 休, 作, 化	イ	A	好, 姉, 妹		
漢, 海, 洋			紙		
行, 待, 後			持		
高, 夜, 京			語, 話, 読		
思			国, 図, 園		
先, 見, 元			気		
門, 間, 聞, 問			医, 区		
病			週, 近, 道		
曜, 時, 明			電, 雪, 雪		
校, 林, 森			新, 所		
物			家, 安, 室		
私, 秋, 和			花, 英, 茶		

四課　　　　　50

漢和辞典

名前:＿＿＿＿＿＿＿＿＿＿＿＿＿＿＿＿

日付:＿＿＿＿＿＿＿＿＿＿＿＿＿＿＿＿

I. Find these *kanji* in a *kanji* dictionary. Fill in the space with the correct *kanji* radical (ぶしゅ), the number of strokes in the radical (ぶしゅのかく), the number of strokes remaining in the *kanji* (のこりのかく), all the Japanese reading(s) of the *kanji* (くん読み), all the Chinese readings of the *kanji* (音読み) and the English meaning (いみ) of each *kanji*.

	漢字	ぶしゅ	ぶしゅのかく	のこりのかく	くん読み	音読み	いみ
Ex.	酒	シ	3	7	さけ	しゅ	rice wine
1	終						
2	始						
3	林						
4	使						
5	草						

II. You want to look for the *kanji* 休 in a 漢和辞典. Put the following steps in the correct order by writing the numbers 1 through 7 in the parentheses.

(　　) A. Go to the front cover or to the list of all the radicals in the dictionary. Find the radical イ. Under each radical is a radical number.

(　　) B. Isolate the radical イ.

(　　) C. Count the number of strokes in the radical. (2 strokes)

(　　) D. Use the radical number to look up the section of all of the *kanji* that use this same radical in the dictionary.

(　　) E. Look through the entire subsection until you find 休.

(　　) F. Flip through the radical section 休 until you get to a sub-section labelled with the number 4.

(　　) G. Count the remaining number of strokes in the *kanji* other than the radical. (木, four strokes)

四課

III. 漢字コーナーＡ：漢字をひらがなで書いて下さい。

1. 林田さんと小林さんと森本さんは友達で、私立の高校に行っている。

2. 音楽の教室は本当に明るくて、気持ちがいい。

3. 最近、書き始めた英語のレポートは、明日書き終わると思う。

4. 兄は車を一台持っていて、来年の春、その車を使って旅行するそうだ。

5. 春、近くの花や草がたくさんある公園まで毎日走^{はし}りたい。

6. 母は台所でよく妹の勉強を手伝^{つだ}ってやっている。

IV. 漢字コーナーＢ：アンダーラインのひらがなを漢字で書いて下さい。
　　　　　　　　おくりがな（ひらがなの所）も書いて下さい。

1. こばやしせんせいともりたさんは、ごごごじにはなしおわった。

2. だいどころはあかるいし、にわもはなやくさがきれいだ。

3. あしたえいごの試験があるので、きょうにじかんぐらいべんきょうする。

4. 最きん、ただしいかんじがなかなかおもいだせない。

5. いっしゅうかんにいっかい、おんがくきょうしつをつかう。

文法：〜始める／〜終わる／〜つづける／　日付:＿＿＿＿＿＿＿＿＿＿＿＿＿

　　　　〜やすい／〜にくい

I. Circle 本当 for true statements and circle ちがう for false statements based on the fact.

1. (本当　違う)　　私は三年前に日本語を取り始めた。

2. (本当　違う)　　私は夏休みに十冊本を読み終わった。

3. (本当　違う)　　中学一年の時に日本語を勉強し始めた。

4. (本当　違う)　　この学校は入りにくい。

5. (本当　違う)　　この学校に五年前から来始めた。

6. (本当　違う)　　二年前から漢字を習い始めた。

7. (本当　違う)　　来年も日本語を勉強しつづけるつもりだ。

8. (本当　違う)　　日本語は勉強しやすい。

9. (本当　違う)　　日本語は勉強しにくい。

III. Write your own answers in Japanese to the following questions.

1. いつこの学校に来始めましたか。　＿＿＿＿＿＿＿＿＿＿＿＿＿＿＿＿＿

2. いつ日本語を勉強し始めましたか。　＿＿＿＿＿＿＿＿＿＿＿＿＿＿＿＿＿

3. いつひらがなを習い終わりましたか。＿＿＿＿＿＿＿＿＿＿＿＿＿＿＿＿＿

4. いつまで日本語を取りつづけると思いますか。

　　＿＿＿＿＿＿＿＿＿＿＿＿＿＿＿＿＿＿＿＿＿＿＿＿＿＿＿＿＿＿＿＿＿

5. 昨日、何時に日本語の宿題をし終わりましたか。

　　＿＿＿＿＿＿＿＿＿＿＿＿＿＿＿＿＿＿＿＿＿＿＿＿＿＿＿＿＿＿＿＿＿

6. 日本語は発音しやすいですか。発音しにくいですか。

　　＿＿＿＿＿＿＿＿＿＿＿＿＿＿＿＿＿＿＿＿＿＿＿＿＿＿＿＿＿＿＿＿＿

7. 漢字は覚えやすいですか。覚えにくいですか。

_____

8. 「終」という漢字は書きやすいですか。書きにくいですか。

_____

9. うどんははしで食べやすいですか。食べにくいですか。

_____

10. あなたが今はいているくつは、はきやすいですか。はきにくいですか。

_____

11. あなたが今着ている服は、着やすいですか。着にくいですか。

_____

12. いつからコンピューターを使い始めましたか。

_____

IV. 漢字コーナー: Write the underlined words in *kanji*. Write the *okurigana*, too. Answer the following questions in Japanese using *kanji*.

1. じゅぎょうの<u>はじまるじかん</u>は<u>8じはん</u>で、<u>おわるじかん</u>は<u>9じはん</u>だ。

How long is this class? _____

2. <u>かんじ</u>を<u>２００</u>ぐらい<u>べんきょう</u>したのに、<u>７０</u>ぐらいわすれてしまった。

How many *kanji* do I remember? _____

3. <u>ちゅうがくいちねんせい</u>の<u>とき</u>に、<u>にほんご</u>を<u>べんきょう</u>し<u>はじめて</u>、

<u>いま</u>、<u>こうこういちねんせい</u>でも、とりつづけている。

How many years have I been studying the Japanese language? _____

I. Read the following paragraph. Number each of the pictures below from 1 through 5 to indicate the correct sequence of events.

母は先生をしているが、家にいても、本当によく働く。日曜日も朝食を食べ終わってから、お皿を洗って、すぐ洗濯をし始めた。洗濯をしてから、窓のそうじをし始めた。窓をきれいにしてから、ごみを外に出して、それから、昼食を作り始めた。でも、昼食を食べてから、昼寝をしていた。とても疲れていたと思う。

（　　）　　　　（　　）　　　　（　　）　　　　（　　）　　　　（　　）

II.　Read the famous Japanese folk tale かさじぞう *The Stone Statues with Straw Hats* on pages 57 and 58. Number each of the events below in the correct order.

＿＿＿　おじいさんはおじぞう様に笠をあげてから、家に帰りました。

＿＿＿　おじぞう様は食べ物やおもちゃやお金などをおじいさんとおばあさんの家の前に置いてから、帰って行きました。

＿1.＿　おじいさんとおばあさんは、笠を作ってから、おじいさんは町に笠を売りに行きました。

＿＿＿　おじいさんとおばあさんは、除夜の鐘を聞いてから、門の外で大きな音がしました。

＿＿＿　おじいさんとおばあさんは、門の外を見てから、おどろきました。

＿＿＿　おじいさんとおばあさんは、おじぞう様にたくさんの食べ物やおもちゃやお金をもらってから、幸せに暮らしました。

＿＿＿　おじいさんは家に帰ってから、おばあさんにおじぞう様に笠をあげたと話しました。

四課

III. クロスワードパズル： Use *hiragana*.

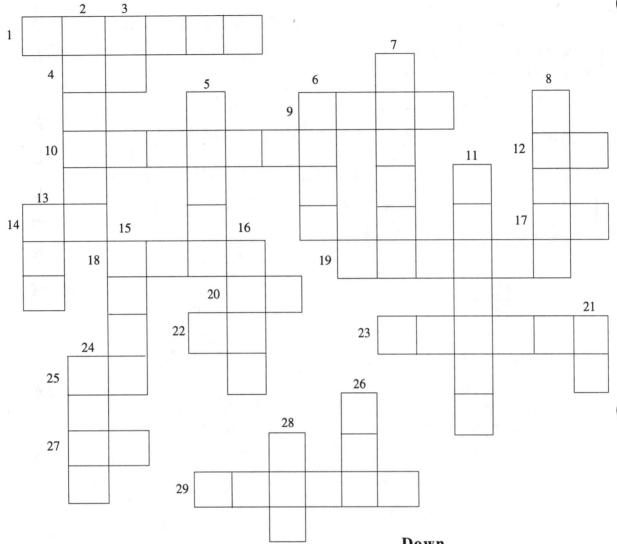

Across

1. Japanese-English dictionary
4. meaning
9. make-up
10. self-introduction
12. map
14. sentence
17. train station
18. interest
19. to consult
20. meat
22. translation
23. intermediate level

25. to paste
27. Chinese (reading)
29. messy

Down

2. English-Japanese dictionary
3. meaning
5. beginning level
6. economics
7. advanced level
8. to make a mistake
11. to take an exam
13. club activities
15. to change clothes
16. difficult to see
21. cow
24. pronunciation
26. shape
28. one hundred

「日本昔話：笠じぞう」

　昔々、ある村におじいさんとおばあさんが住んでいました。おじいさんもおばあさんも貧乏でしたが、心がきれいな人達でした。おじいさんもおばあさんも毎日笠を作っていました。

　今日は大晦日です。明日はお正月ですが、家には食べ物もお金もありません。おじいさんは町へ笠を売りに行きました。外は雪が降っていました。おじぞう様が雪の中に立っていました。おじぞう様はとても寒そうでした。おじいさんはおじぞう様の頭の上に笠をのせました。一つ、二つ、三つ、四つ、五つ、、、。おじぞう様は六つ、おじいさんの笠は五つ。おじいさんは困りました。おじいさんは自分の小さい笠を取って、最後のおじぞう様の頭の上にのせました。それから、おじいさんは家へ帰りました。

　　おじいさん：「ただいま、おばあさん。」

　　おばあさん：「お帰りなさい、おじいさん。雪はあまり降っていなかった
　　　　　　　　　でしょう？」

　　おじいさん：「うん。でも、おじぞう様が寒そうだったから、笠を全部
　　　　　　　　　あげて来たよ。」

　　おばあさん：「そうですか。それはいいことをしましたね。」

　その夜、おじいさんとおばあさんはいっしょにお寺の鐘の音を聞いていました。

　　ご〜ん、ご〜ん、ご〜ん　．．．
すると、門の外で大きい音がしました。

　　「よいしょ、こらしょ、どっこいしょ。」
　　「よいしょ、こらしょ、どっこいしょ。」
　　「よいしょ、こらしょ、どっこいしょ。」
　　「よいしょ、こらしょ、どっこいしょ。」
　　「よいしょ、こらしょ、どっこいしょ。」

四課

「よいしょ、こらしょ、どっこいしょ。」

　どす〜ん。

おじいさんとおばあさんはびっくりして、外を見ました。すると、月の中に

六人のおじぞう様がいました。おじぞう様は家の前にお米やお餅や魚や野菜

やお金をたくさん置いて、帰って行きました。

　おばあさん：「おやまあ、おじいさん、びっくりしましたねえ。」

　おじいさん：「ありがたいことだねえ、おばあさん。」

　それから、おじいさんとおばあさんは幸せに暮らしましたとさ。

おしまい

Additional vocabulary list:

むら	village
かさ	umbrella (hats)
最後〔さいご〕	last
（お）じぞう（様）	stone statues
のせる	to place on (something)
かね	bell
おいて（おく）	to place; leave
ありがたい	grateful
しあわせ	happiness
くらしました	lived

四課　　　　　　　　58

I. Using the English hints and context, complete the following sentences by choosing the most appropriate words from the boxes that follow. Change each word to its correct form.

1. 漢字は数が（　　MANY　　）し、一つの漢字に読み方がたくさん（　　）し、
大変だ。そして、漢字は（　COMPLICATED　）し、（　NOT SIMPLE　）し、
なかなか（　CANNOT MEMORIZE　）し、（　CANNOT RECALL　）し、いつも（　MAKE MISTAKES　）
し、だめだ。

> かんたんじゃありません，　間違えています，　多いです，
> おぼえられません，　思い出せません，　あります，　ふくざつです

2. 彼の字は（　MESSY　）し、（　UGLY　）し、読めない。でも、彼は頭も
（　　）し、スポーツも（　　）し、（　　）し、大好きだ。
でも、彼は（　POOR　）し、（　STUDENT　）し、海外旅行に行けない。
ところで、彼はこの週末、映画も（　　）し、テニスも（　　）し、
パーティーにも（　　）し、とても忙しかった。

> 上手です，しました，めちゃくちゃです，かっこいいです，見ました，
> 行きました，学生です，いいです，きたないです，びんぼうです

3. このくつは　（　COMFORTABLE　）し、（　　）し、とても安かったのよ。

4. 日本語の教室は（　SPACIOUS　）し、（　BRIGHT　）し、大好きだ。でも、
化学の教室は（　DARK　）し、（　SMALL　）し、あまり好きじゃない。

> 広いです，暗いです，楽です，せまいです，明るいです，はきやすいです

II. You have been invited out to several activities, but you must decline the invitations because of the reasons listed in the (   ). Using the ～し、～し pattern, write your responses listing your reasons for declining. If possible, use the particle も (also).

Ex. 「田中さん、映画を見に行こうよ。」

(まだ宿題が終わっていません，夕食を食べていません)

「 まだしゅくだいも終わっていないし、夕食も食べていないし、

　　今晩は行けないわ。ごめんね。」

1. 「明日、サーフィンに行かない？」

(つかれています，かぜをひいています)

「 _____，

　　明日は行けないよ。ごめんね。」

2. 「これから買い物に行かない？」

(お金がありません，そうじをしなければなりません)

「 _____，

　　行けないわ。ごめんね。」

3. 「学校のダンスに行こうよ。」

(うるさい音楽がきらいです，人が多いです)

「 _____，

　　行きたくないわ。ごめんね。」

III. Answer the following questions using the ～し、～し pattern. If possible, use the particle も (also).

Ex. 「お母さんはどんな人ですか。」

　　とてもやさしいし、あたまもいいし、大好きです。

1. 漢字の勉強はどうですか。

_____

2. 学校はどうですか。

_____

I. 四課の会話を読んで、下の文を読んで下さい。正しかったら、「正しい」に○を、違っていたら、「違う」に○をつけて下さい。

1. （正しい　違う）　　Ken is translating from English to Japanese.

2. （正しい　違う）　　Ken started to take Japanese when he was in the 7th grade.

3. （正しい　違う）　　He is in the intermediate Japanese language class.

4. （正しい　違う）　　He had Japanese classes five times a week.

5. （正しい　違う）　　One class lasts one hour.

6. （正しい　違う）　　Ken thinks *kanji* is the most difficult part of studying Japanese.

7. （正しい　違う）　　Ken has learned about 100 *kanji* characters.

8. （正しい　違う）　　Ken's *kanji* stroke order may not be correct all the time.

9. （正しい　違う）　　It has been difficult for Ken's host brother to recall the correct *kanji* characters because he uses the computer.

II.　Based on the following contexts and hints, write sentences using なかなか + negative ending.

Ex. Studying *kanji*. （おぼえられない）　　漢字はなかなかおぼえられない。_____

1. You are sick. （良くならない）　　_____

2. Translating a sentence. （やくせない）　　_____

III.　Answer the following questions using the 〜し、〜し pattern. If possible, use the particle も (also).

1. 日本語の勉強はどうですか。

_____

2. 友達はどんな人ですか。

_____

　　　　　　　　　　四課

IV. 漢字コーナー：アンダーラインのひらがなを漢字で書いて下さい。おくり
　　がな（ひらがなの所）も書いて下さい。それから、英語のやくを読んで、
　　正しかったら、「正しい」に、違っていたら、「違う」に○をつけて
　　下さい。

1. <u>かんじ</u>辞典をひいて、<u>にほんご</u>の<u>ぶん</u>を<u>えいご</u>にやくしている。

（正しい　違う）　　I am using the Japanese dictionary and translating the English sentences into Japanese.

2. <u>もり</u>くんは<u>最</u>きん日本語を<u>べんきょう</u>し<u>はじめた</u>。

（正しい　違う）　　Mr. Mori began studying Japanese many years ago.

3. 日本語は漢字を<u>かく</u>のが<u>いちばん</u>むずかしいと<u>おもう</u>。

（正しい　違う）　　In Japanese, I think writing *kanji* is the most difficult.

4. 漢字は<u>数</u>も<u>おおい</u>し、たくさん<u>よみかた</u>もあるから、<u>たい</u>変だ。

（正しい　違う）　　*Kanji* is difficult because each *kanji* can be read in so many different ways.

5. <u>こばやし</u>君と<u>もりもと</u>さんはいい<u>とも</u>達だ。

（正しい　違う）　　Kobayashi and Morimoto are good friends.

6. <u>か</u>族は<u>ゆうしょく</u>を<u>ごごはちじ</u>ごろに<u>たべおわった</u>。

（正しい　違う）　　My family started eating dinner around 8:00 p.m.

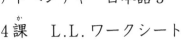
You may not understand all the Japanese,
but use the context to help you comprehend as much as you can!

I. You will hear part of a phone conversation at a travel agency. Choose the most appropriate *kanji* described.

Ex: (Ex.)　1. (　　)　2. (　　)　3. (　　)　4. (　　)　5. (　　)

Ex. 淳	A. 順	B. 潤	C. 純	D. 浩	E. 弘

II. Ken is being interviewed by a staff member from his school newspaper. He will describe his Japanese studies. If the following activities are easy for Ken, mark A. If they are difficult for him, mark B.

6. pronunciation　　　　　　　　　　　　　(A. easy to do　B. hard to do)

7. reading *kanji*　　　　　　　　　　　　　(A. easy to do　B. hard to do)

8. looking something up in a *kanji* dictionary　(A. easy to do　B. hard to do)

9. writing *kanji*　　　　　　　　　　　　　(A. easy to do　B. hard to do)

10. typing Japanese　　　　　　　　　　　　(A. easy to do　B. hard to do)

III. Ken is writing a report about Japanese students who are studying English. He conducted a survey and interviewed Emi. Listen to the interview and choose Emi's answers to Ken's questions.

11.　Q1: (A. Japanese-English　B. English-Japanese　C. English-English) dictionary

12.　Q2: (A. Japanese-English　B. English-Japanese　C. English-English) dictionary

13.　Q3: (A. very easy　B. easy　C. difficult　D. very difficult)

14.　Q4: (A. yes　B. no)

15.　Q5: (A. yes　B. no)

16.　Q6: (A. yes　B. no　C. no opinion)

17.　Q7: (A. vocabulary　B. speaking　C. grammar　D. reading)

18.　Q8: (A. easy　B. hard　C. no opinion)

19.　Q9: (A. 100　B. 200　C. 1000　D. 2000)

20.　Q10: (A. Japanese to English　B. English to Japanese　C. both　D. neither)

21.　Q11: (A. speaking　B. watching movies　C. culture　D. reading)

IV. A week after the interview, Ken asked Emi out for a weekend date. Emi was late. She explained why she was late by describing her morning to him. What did she do in what order? Choose the most appropriate picture from the choices below.

22. 1st (   )   23. 2nd (   )   24. 3rd (   )   25. 4th (   )   26. 5th (   )

Choices for 22 - 26.

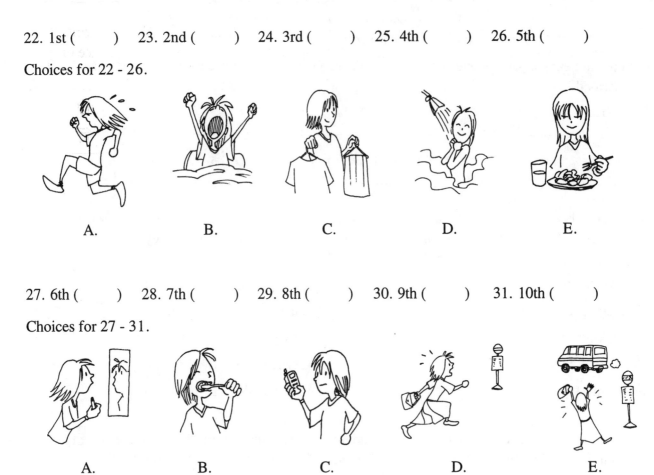

A.   B.   C.   D.   E.

27. 6th (   )   28. 7th (   )   29. 8th (   )   30. 9th (   )   31. 10th (   )

Choices for 27 - 31.

A.   B.   C.   D.   E.

I. Match a *kanji* from Box 1 with a *kanji* from Box 2 to form a *kanji* word combination and write the word in the first blank. Then write its reading in *hiragana*. Use each *kanji* in each box once only.

Box 1:

飲	女	去	昼	銀
入	文	台	行	手

Box 2:

紙	所	子	化	物
食	事	年	学	行

Ex. 手紙＿＿＿　てがみ＿＿＿　　　　5. ＿＿＿＿＿　＿＿＿＿＿＿

　1. ＿＿＿＿＿＿　＿＿＿＿＿＿　　　6. ＿＿＿＿＿＿　＿＿＿＿＿＿

　2. ＿＿＿＿＿＿　＿＿＿＿＿＿　　　7. ＿＿＿＿＿＿　＿＿＿＿＿＿

　3. ＿＿＿＿＿＿　＿＿＿＿＿＿　　　8. ＿＿＿＿＿＿　＿＿＿＿＿＿

　4. ＿＿＿＿＿＿　＿＿＿＿＿＿　　　9. ＿＿＿＿＿＿　＿＿＿＿＿＿

II. Write the *kanji* with the opposite meaning. Include おくりがな if needed.

　1. 祖父　　　⇔　＿＿＿＿＿　　　11. 昨日　　　⇔　＿＿＿＿＿

　2. 私立　　　⇔　＿＿＿＿＿　　　12. 来月　　　⇔　＿＿＿＿＿

　3. ならう　　⇔　＿＿＿＿＿　　　13. 出る　　　⇔　＿＿＿＿＿

　4. 女子　　　⇔　＿＿＿＿＿　　　14. 夏　　　　⇔　＿＿＿＿＿

　5. つまらない　⇔　＿＿＿＿＿　　15. 去年　　　⇔　＿＿＿＿＿

　6. 始める　　⇔　＿＿＿＿＿　　　16. 弱い　　　⇔　＿＿＿＿＿

　7. 遠い　　　⇔　＿＿＿＿＿　　　17. 晩　　　　⇔　＿＿＿＿＿

　8. 病気　　　⇔　＿＿＿＿＿　　　18. 午前　　　⇔　＿＿＿＿＿

　9. 姉　　　　⇔　＿＿＿＿＿ (sister)　19. 春　　　⇔　＿＿＿＿＿

　10. 兄　　　　⇔　＿＿＿＿＿ (brother)　20. 先週　　⇔　＿＿＿＿＿

III. Provide the readings of the underlined *kanji*. Mark the English statement T for True or F for False based on the Japanese sentence.

1. こばやしゆきこという　<u>音楽</u>の　<u>先生</u>を　<u>知</u>っている？

   (   )   (   ) (   ) (   )

   (T   F)   Do you know a music teacher called Yukiko Kobayashi?

2. <u>兄</u>は　<u>春休</u>みに　<u>仕事</u>を　<u>休</u>んで、私と　<u>海外旅行</u>を　するんです。

   (   ) (   ) (   ) (   ) (   )

   (T   F)   During summer vacation, my older brother will take off from work and travel abroad with me.

IV. Circle 正しい or 違う based on what you have learned in previous lessons.

1. （正しい　　違う）　日本の学校の建物に入る時、くつをはきかえる。

2. （正しい　　違う）　日本の学校の新学期は４月から始まる。

3. （正しい　　違う）　私達の学校は公立で、男女共学だ。

4. （正しい　　違う）　私達の学校の授業料は高い。

5. （正しい　　違う）　アメリカには銃や麻薬などの問題がある。

6. （正しい　　違う）　食べる時に、「ごちそうさま」と言う。

7. （正しい　　違う）　電子メールには切手を貼らなくてもいい。

8. （正しい　　違う）　長く会っていない人に会った時、

                         「おひさしぶりです。」と言う。

9. （正しい　　違う）　冬になると、あたたかくなってくる。

10. （正しい　　違う）　お世話をしてくれた人には、お礼状を書いた方がいい。

11. （正しい　　違う）　「中」という漢字の音読みは「なか」だ。

12. （正しい　　違う）　日本語で手紙を書く時、和英辞典を使うとべんりだ。

名前:＿＿＿＿＿＿＿＿＿＿＿＿＿＿

日付:＿＿＿＿＿＿＿＿＿＿＿＿＿＿

I. Fill in the blanks with the correct *kanji* and *okurigana*. Also write readings of the underlined *kanji* in the brackets. Mark each English sentence T or F.

1. ＿＿＿＿ ＿＿＿＿ の ＿＿＿＿ ＿＿＿＿ の ＿＿＿＿ に　立っている人は
   えい　　ご　　　　きょう　　しつ　　　　うしろ

   ＿＿＿＿ ＿＿＿＿ さんだ。
   はやし　　だ

   (T　　F) Hayashida is standing behind the person in the English classroom.

2. ＿＿＿＿ ＿＿＿＿ さんは ＿＿＿＿ で ＿＿＿＿ ＿＿＿＿ する ＿＿＿＿ 、
   はな　　もり　　　　　　いえ　　　　べん　　きょう　　　　とき

   ＿＿＿＿ ＿＿＿＿ を ＿＿＿＿ そうだ。
   おん　　がく　　　　きく

   (T　　F) I heard that Miss Hanamori listens music when she studies at home.

3. ＿＿＿＿ ＿＿＿＿ さんによると、＿＿＿＿ ＿＿＿＿ ＿＿＿＿ ＿＿＿＿ な
   いと　　かわ　　　　　　　　　　　　せん　　しゅう　　げん　　き

   あかちゃんが ＿＿＿＿＿＿そうだ。
   　　　　　　　うまれた

   (T　　F) According to Itokawa, a healthy baby was born last week.

4. この＿＿＿＿ ＿＿＿＿ は、小さい男女共学の ＿＿＿＿ ＿＿＿＿
   　　がっ　　こう　　　　　　　[きょう　]　　し　　りつ

   ＿＿＿＿ ＿＿＿＿ だし、授業料があまり高くないし、とてもいいです。
   こう　　こう　　　　じゅぎょうりょう

   (T　　F) This school is a small public college and the tuition is not very high, so it is good.

五課

5. A: ＿＿＿＿＿ ＿＿＿＿＿ ＿＿＿＿＿ に ＿＿＿＿＿ ＿＿＿＿＿ ごろ ＿＿＿＿＿ の。
　　　　あさ　　　がっ　　　こう　　　　　　なん　　　じ　　　　　　　つく

B: ＿＿＿＿＿ ＿＿＿＿＿ ＿＿＿＿＿ ごろなんだよ。
　　　ろく　　　じ　　　はん

A: ＿＿＿＿＿ わね。＿＿＿＿＿ で 来るの。
　　　はやい　　　　　　　くるま　　[　　　]

B: うん。＿＿＿＿＿ が ＿＿＿＿＿ と ＿＿＿＿＿ と一緒に連れて来てくれるんだ。
　　　　　　はは　　　　いもうと　　おとうと　　　　　　　　　　　　　[　　　]

(T　F)　In this conversation, one person goes to school very early.

(T　F)　At least one of the speakers is female.

II.　Ken wrote a diary in Japanese. Japanese diaries are usually written in plain form. Change the underlined parts to the plain form. Mark the English sentence T or F.

ぼくは今日本の学校に留学しています。日本の高校一年生です。アメリカの
　　　　　　　　　　　　（　　　　　　　　）　　（　　　　　　　）

学校で日本語を三年も勉強しましたが、まだ上手ではありません。漢字は百
　　　　　　　　　　　（　　　　　　　）　　（　　　　　　　　　）

ぐらい書けますが、毎日新しい漢字をれんしゅうしなければなりません。
　　（　　　　　　　）　　　　　　　（　　　　　　　　　　　　　　　）

漢字はむずかしいです。やさしくありません。昨日、漢字の試験が
　　（　　　　　　　）（　　　　　　　）

ありました。せいせきはあまり良くありませんでした。試験の前にあまり
（　　　　　　　）　　　　　（　　　　　　　　）

勉強しませんでしたから、しかたがありません。ちょっとかなしかったです。
（　　　　　　　　）　　　　（　　　　　　）　　（　　　　　　　　）

次の試験にはもっとがんばるつもりです。
　　　　　　　（　　　　　　　　）

(T　F)　This person is studying Japanese for several years and though he studies as hard as he can to prepare for exams, etc., he is still not doing well.

五課　　　68

名前:_____

復習
ふくしゅう

日付:_____
づけ

I.　Fill in the blanks so that the English and Japanese sentences express the same message. Use new sentence patterns. Be sure the Japanese responses are given in the correct form. Use *kanji* whenever possible.

1. My older brother Mike is a college _____ now.

　　今、兄_____マイクは大学一年生です。

2. No one but _____sang. 森本さんしか　_____。

3. Shall I attach the _____? 切手を_____か。
きっ

4. My grandmother was a kindergarten teacher.

　　_____は幼稚園の先生を_____。
　　　　　ようちえん

5. Have you ever seen the _____ called "Toy Story"?

　　"Toy Story" _____映画を見たことがありますか。
　　　　　　　　　　　　えいが

6. As soon as I return home, I change into a _____.

　　家へ_____、すぐ楽なTシャツに_____。

7. I want to try to go to Japan and _____ (among other places).

　　日本_____、中国_____行ってみたいです。

8. The game's starting time is 6:00.

　　試合_____ 始まる _____ は、六時です。
　　しあい

9. When I was a child, I started to learn _____.

　　子ども _____時、ピアノを_____。

10. When I am upset (troubled), I usually consult my parents.

　　_____時、たいてい両親と相談します。
　　　　　　　　　　　　　　　りょうしん　そうだん

五課

11. Please come to my house to play when you are free.

＿＿＿＿＿＿＿＿＿＿ 時に、家に＿＿＿＿＿＿＿＿＿＿ 来て下さい。

12. Who do you respect (is respecting) most?

一番＿＿＿＿＿＿＿＿＿＿＿＿＿ 人は、だれですか。

13. Shall I try and ＿＿＿＿＿＿＿＿the *kanji* I don't know?

＿＿＿＿＿＿＿＿＿＿ 漢字を引いてみようか。

14. Since my ＿＿＿＿＿＿＿＿＿ is messed up, the *kanji* is difficult to read.

書き順が＿＿＿＿＿＿＿＿＿＿＿＿＿、 漢字は ＿＿＿＿＿＿＿＿＿＿＿＿＿。

15. Since I want to major in ＿＿＿＿＿＿＿＿＿, I am buying various books and reading them.

文学を＿＿＿＿＿＿＿＿＿＿＿＿＿＿＿、 いろいろな本を買って読んでいる。

16. Since my ＿＿＿＿＿＿＿＿＿ is messed up, the *kanji* is difficult to read.

書き順が＿＿＿＿＿＿＿＿＿＿＿＿＿、 漢字は ＿＿＿＿＿＿＿＿＿＿＿＿＿。

17. Since I am still 16 years old, I am not allowed to drink alcohol.

まだ＿＿＿＿＿＿＿＿＿＿、 お酒を ＿＿＿＿＿＿＿＿＿＿＿＿＿。

18. Although my younger sister is an elementary school student, she is very skillful at cooking.

妹は＿＿＿＿＿＿＿＿＿＿＿、 ＿＿＿＿＿＿＿＿＿＿がとても上手だ。

19. Even though I made a cake, no one ate it.

ケーキを＿＿＿＿＿＿＿＿＿、 だれも食べてくれませんでした。

20. Everyday, I eat a lot for ＿＿＿＿＿＿＿＿and ＿＿＿＿＿＿＿＿, so I have gradually gained weight.

毎日、朝食にも昼食にもたくさん食べるので、だんだん(gradually)

太って＿＿＿＿＿＿＿＿＿。

I. (Continued.) Fill in the blanks so that the English and Japanese sentences express the same message. Use new sentence patterns. Be sure the Japanese responses are given in the correct form. Use *kanji* whenever possible.

21. It will soon be _____, so it has become a little warm.

もうすぐ春なので、少し暖かくなって＿＿＿＿＿＿＿＿＿＿＿＿＿＿＿＿。

22. A: What happened?　　どうしたんですか。

B: Takashi doesn't like me any more.　隆は私がもう＿＿＿＿＿＿＿＿＿＿んです。

23. A: I'm awful at _____. What should I do?

歌が下手なんです。＿＿＿＿＿＿＿＿＿＿＿＿＿＿＿＿＿＿＿か。

B: I think you'd better practice more.

もっと練習＿＿＿＿＿＿＿＿方がいいと思います。

24. It's already been three years since _____ started to study Japanese.

森田さんは日本語を勉強＿＿＿＿＿＿＿＿＿＿から、もう＿＿＿＿＿＿＿＿になる。

25. I want to continue taking Japanese until I _____.

卒業するまで、日本語を＿＿＿＿＿＿＿＿＿＿＿＿です。

26. I finally finished reading this book _____.

昨日、やっとこの本を＿＿＿＿＿＿＿＿＿＿＿＿＿＿＿＿＿＿。

27. _____ characters are difficult to memorize, but _____ characters are easy to memorize.

複雑な漢字は＿＿＿＿＿＿＿ですが、簡単な漢字は＿＿＿＿＿＿です。

28. The word "*shitsuzukeru*" is difficult to pronounce, isn't it?

「しつづける」という言葉は＿＿＿＿＿＿＿ですね。

29. After your grandfather died, did your grandmother continue working?

おじいさんが＿＿＿＿＿＿＿から、おばあさんは仕事を

＿＿＿＿＿＿＿か。

30. Hanako is quiet. Besides, she is a serious student and always receives good grades.

花子さんは＿＿＿＿＿＿し、＿＿＿＿＿＿生徒＿＿＿し、いつも

いい成績をもらう。

31. This weekend, I saw a movie, played basketball, and what's more, I went to a party, so I was very

busy.

この週末は、映画を＿＿＿＿＿し、バスケットを＿＿＿＿＿し、

パーティーに＿＿＿＿＿し、とても忙しかったです。

32. In Japanese schools, I understand there are problems such as ＿＿＿＿＿ and ＿＿＿＿＿

and other such things.

日本の学校にはいじめ＿＿＿＿＿たばこなどの問題があるそうです。

33. I cannot recall Mr. Haruki's ＿＿＿＿＿ 's name (no matter how hard I try).

春木さんのお兄さんの名前がなかなか＿＿＿＿＿＿＿。

34. ＿＿＿＿＿, I went to Japan as many times as twice a year.

去年、日本に一年＿＿＿＿＿＿＿行ったんですよ。

35. Do you know a proverb "Dust amassed will make a mountain."?

「＿＿＿＿＿もつもれば山となる」＿＿＿＿＿ことわざを知っていますか。

名前:_____

日付:_____

I. What do you know about Japanese entertainment? List examples (movies, *anime*, singers, songs, T.V. programs, sports players, etc.) for each category. If you are unable to give examples, circle 知らない.

1. 日本の映画 _____, _____, 知らない

2. 日本の映画スター _____, _____, 知らない

3. 日本のアニメ _____, _____, 知らない

4. 日本の歌 _____, _____, 知らない

5. 日本の歌手 _____, _____, 知らない

6. 日本のテレビ番組 _____, _____, 知らない

7. 日本のプロ野球選手 _____, _____, 知らない

II. Read the Cultural Notes from Lesson 6 of the text and match the English descriptions with the responses in the box.

_____ 1. A famous Japanese *samurai* movie directed by Akira Kurosawa that made Toshiro Mifune famous.

_____ 2. A New Year's Eve song competition between two teams, Red (female) and White (male).

_____ 3. Cute, young teenagers debut in this genre. Their looks and personalities are more important than their abilities to sing well.

_____ 4. Japanese modern folk music.

_____ 5. Japanese cartoons.

_____ 6. Literally, "empty orchestra"; a favorite pastime for people of all ages.

A. 紅白歌合戦	D. 演歌	G. カラオケ
B. 美空ひばり	E. 時代劇	H. ドラマ
C. ポップミュージック	F. アニメ	I. 七人の侍

六課

III. 漢字コーナー：

A. In each group, cross out ONE *kanji* character that DOES NOT BELONG.

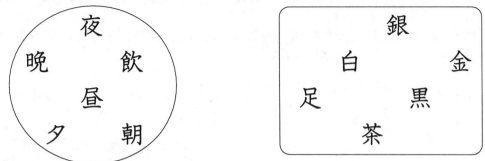

夜
晩　　飲
　昼
夕　　朝

銀
　白　　　金
足　　　黒
　茶

B. Write the readings of all of the *kanji* characters using *hiragana*.

1. 来週、映画を見に行こう。

2. 校歌は歌いやすいですか。歌いにくいですか。よく間違えますか。

3. 黒人の歌手が毎晩、テレビに出るよ。一時間の長い歌の番組だよ。

4. おそく起きるので、一週間に一回しか朝ご飯を食べません。

C. Write the *kanji* characters for the underlined words. Include おくりがな if necessary.

1. ばんごはんをたべてから、そのしろくろえいがをみにいこう。

2. よる、おちゃをのんで、まんがをよんで、ねる。

3. このえいごのうたはちょっとながくて、うたいにくい。

4. まいあさ、ろくじにおきて、はしっているけど、いま、あしがいたい。

5. せんしゅうのどようび、あねとおひるごはんをたべた。

文法：〜間、〜ながら　　　　　　　　　　日付:＿＿＿＿＿＿＿＿＿＿＿＿＿＿＿＿＿

I. Read the folllowing sentences and circle 本当 for true statements and 違う for false statements as they apply to you.

1. （ 本当　違う ）冬休みの間に、旅行するつもりだ。

2. （ 本当　違う ）日本語のクラスにいる間、寝てもいい。

3. （ 本当　違う ）母が晩御飯を作っている間に、宿題をし終わった。

4. （ 本当　違う ）長い間、映画を見ていない。

5. （ 本当　違う ）コマーシャルの間に、トイレへ行く。

6. （ 本当　違う ）父か母が運転している間に、音楽を聞く。

7. （ 本当　違う ）家族がテレビを見ている間に、友達と電話で話す。

8. （ 本当　違う ）先生が話している間に、宿題をする。

II. Answer the following questions in Japanese.

1. 去年、夏休みの間に何をしましたか。

＿＿＿＿＿＿＿＿＿＿＿＿＿＿＿＿＿＿＿＿＿＿＿＿＿＿＿＿＿＿＿＿＿＿＿＿＿＿。

2. 彼女／彼とつきあっている間に、何をしたいですか。

＿＿＿＿＿＿＿＿＿＿＿＿＿＿＿＿＿＿＿＿＿＿＿＿＿＿＿＿＿＿＿＿＿＿＿＿＿＿。

3. 大学に通っている間に、何をしたいですか。

＿＿＿＿＿＿＿＿＿＿＿＿＿＿＿＿＿＿＿＿＿＿＿＿＿＿＿＿＿＿＿＿＿＿＿＿＿＿。

III. What do you do while your parents are not at home? Answer using 〜間（に）.

＿＿＿＿＿＿＿＿＿＿＿＿＿＿＿＿＿＿＿＿＿＿＿＿＿＿＿＿＿＿＿＿＿＿＿＿＿＿。

IV. Read the following questions. Circle either はい or いいえ based on fact.

1. （はい　いいえ）　シャワーを浴びながら、歌を歌いますか。

2. （はい　いいえ）　昼御飯を食べながら、本を読みますか。

3. （はい　いいえ）　車を運転しながら、電話で話しますか。

4. （はい　いいえ）　音楽を聞きながら、勉強しますか。

5. （はい　いいえ）　テレビを見ながら、勉強しますか。

6. （はい　いいえ）　ポップコーンを食べながら、映画を見ますか。

7. （はい　いいえ）　何か食べながら、歩きますか。

8. （はい　いいえ）　ガムをかみながら、先生と話しますか。

V. Study the following pictures and write appropriate descriptions for each using 〜ながら.

Ex. ___テレビを見ながら、___
　　___晩ご飯を食べる___。

1. _____、
_____。

2. _____、
_____。

3. _____、
_____。

4. _____、
_____。

VI. 漢字コーナー：Rewrite the entire sentence using *kanji* you have learned.

たいていしゅうまつのよるは、えいがをみにいったり、カラオケにうたを
うたいにいったり、おちゃをのみながら、ともだちとはなしたりします。

_____

_____

文法：〜によると／〜そうだ／のような／　日付:_____

　　　　Verb (Dic. form) 前に

I. Choose from the choices in the box below, make appropriate changes and fill in the blanks.　Use each choice only ONCE.

雨です	使っています	います
作りました	上手です	わかれました
つきあっています	人気があります	高いです

1. スピールバーグという監督がその映画を_____そうだ。

2. 森田たくみという歌手は歌がとても_____そうだ。

3. ケンさんとまりさんは去年から_____そうだよ。

4. あきらくんは新しい彼女が_____そうだ。

5. 小林あきおという俳優は女の子にとても_____そうだ。

6. あの二人はよくけんかしたので、_____そうだ。

7. 安田さんのご主人の給料は_____そうだよ。

8. うわさによると、あの歌手は麻薬を_____そうだ。

9. 天気予報によると、明日は_____そうだ。

II. Answer the questions based on fact by circling either　はい　or　いいえ.

1. （はい　いいえ）　今あなたがつきあっている人は俳優／女優のような顔をしていますか。

2. （はい　いいえ）　あなたは歌手のような声をしていますか。

3. （はい　いいえ）　将来、ハーバード大学のような大学へ行きたいですか。

4. （はい　いいえ）　あなたはお父さん／お母さんのような人と結婚したいですか。

III. Using　〜そうだ　and〜によると, write about...

1. a rumor you heard in school.

_____

2. a rumor you heard about the world of entertainment.

_____

IV. Read the following statements. Circle either 本当 or 違う based on fact.

1. （本当　違う）　　私は寝る前に歯を磨きます。

2. （本当　違う）　　私は学校へ来る前に宿題をし終わります。

3. （本当　違う）　　私は食べる前に「いただきます」と言います。

4. （本当　違う）　　私は大学に入る前にアルバイトをするつもりです。

5. （本当　違う）　　私は日本へ行く前に漢字辞典を買います。

6. （本当　違う）　　日本人は食べる前に「ごちそうさま」と言います。

7. （本当　違う）　　日本人は家に入る前にくつをぬぎます。

8. （本当　違う）　　日本人は家を出る前に「お帰りなさい」と言います。

9. （本当　違う）　　漢字辞典を引く前に漢字の部首の画を数えます。

V. Complete the sentences as they apply to you.

1. 毎朝、家を出る前に＿＿＿＿＿＿＿＿＿＿＿＿＿＿＿＿＿＿＿＿＿＿＿＿＿＿＿＿＿＿。

2. クリスマスの前に＿＿＿＿＿＿＿＿＿＿＿＿＿＿＿＿＿＿＿＿＿＿＿＿＿＿＿＿＿＿＿＿。

3. 宿題をする前に＿＿＿＿＿＿＿＿＿＿＿＿＿＿＿＿＿＿＿＿＿＿＿＿＿＿＿＿＿＿＿＿＿。

VI. Using the pictures as cues, write appropriate sentences using ～前に.

1.

7：30 ⇒ 7：40
＿＿＿＿＿＿＿＿＿＿＿＿＿＿＿＿＿＿＿＿＿。

2.

8：00 ⇒ 8：30
＿＿＿＿＿＿＿＿＿＿＿＿＿＿＿＿＿＿＿＿＿。

3.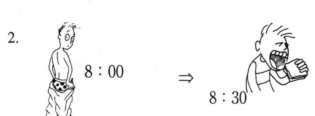

9：45 ⇒ 10：00

＿＿＿＿＿＿＿＿＿＿＿＿＿＿＿＿＿＿＿＿＿。

アドベンチャー日本語３　６課ー４　　　　　名前:_____

文法：Verb (TA form) 後で／〜てから／〜前に　　日付:_____

I. Check the statements that are true based on fact.

_____ 1. 夕食を食べた後で、宿題をする。

_____ 2. いつも宿題をした後で、テレビを見ます。

_____ 3. 毎月、父が給料をもらった後、レストランで外食する。

_____ 4. ニュースの後、天気予報がある。

_____ 5. 仕事で成功した後、仕事をやめるつもりだ。

_____ 6. ひらがなとカタカナを勉強した後、漢字を習い始めた。

_____ 7. LLでワークシートした後、ビデオを見る。

_____ 8. お昼ご飯を食べた後、図書館へ行く。

_____ 9. 友達と映画を見た後、すぐ帰る。

II. Using 〜後(で) indicate what you:

1. do after you finish your Japanese homework.

_____

2. do after Japanese class.

_____

3. did after you returned home yesterday.

_____

4. plan to do after you finish high school.

_____

79

六課

III. Read the passage below, then number the pictures in the order in which they occurred. Write the numbers in the (   ). The first has been done for you.

今日はとても忙しい一日だった。朝、起きてから、顔を洗った。
朝ご飯を食べなかった。学校へ出かける前に髪の毛を洗った。それから、
自転車で学校へ行った。学校にプールがあるので、三十分ぐらい泳いで
から、教室に入って勉強し始めた。勉強が終わった後、すぐ家に帰った。
帰った後、部屋の掃除をした。でも、掃除する前に少し疲れていたので、
部屋で休んで、音楽を聞いた。その後、家族と晩ご飯を食べた。晩ご飯
の後、歯を磨いた。でも、歯を磨く前に弟と一緒にお皿を洗った。その
後、とてもねむくなって来たので、すぐ寝た。長い一日だった。

(   )   (   )   (   )

(   )   (   )   (   )   (   )

(   )   (   )   (   )

(1)   (   )   (   )

アドベンチャー日本語3　6課－5

会話

名前:_____

日付:_____

I. Read the dialogue at the beginning of this lesson. Circle 正しい if the statement is TRUE and 違う if the statement is FALSE. Correct all false statements by crossing out the incorrect portion and rewriting them on the line below.

（正しい　違う）ホームステイのお兄さんは晩ご飯を食べながら、
歌のテレビ番組を見ていた。

_____。

（正しい　違う）歌番組に出ていた女性歌手はかわいいし、踊りも
上手なので、ケンさんもお兄さんも好きだ。

_____。

（正しい　違う）うわさによると、その女性歌手はプロ野球選手と
つきあっているそうだ。

_____。

（正しい　違う）コマーシャルの前にケンさんはトイレに行って来た。

_____。

（正しい　違う）ケンさんは寂しい曲とか、にぎやかな曲が好きだそうだ。

_____。

（正しい　違う）お兄さんはギターを上手に弾くことは出来ないので、
うらやましいと思っていた。

_____。

（正しい　違う）ケンさんは日本で「七人の侍」という白黒映画を見た。

_____。

（正しい　違う）「七人の侍」は三船敏郎という映画監督が作った。

_____。

II. Fill in the blanks based on your opinion.

「_____」というテレビ番組は

_____し、_____し、とても好きだ。

六課

III. Fill in the blanks based your opinion. Write your answers in Japanese.

　私の一番好きな . . .

　　　　男性歌手　　　　　　　　_____

　　　　女性歌手　　　　　　　　_____

　　　　曲　　　　　　　　　　　_____

　　　　俳_{はいゆう}優　　　　　　　　　　_____

　　　　女_{ゆう}優　　　　　　　　　　_____

　　　　映画監_{かんとく}督　　　　　　　_____

　　　　映画　　　　　　　　　　_____

　　　　テレビ番組　　　　　　　_____

　　　　アニメ・まんが　　　　　_____

　　　　コマーシャル　　　　　　_____

　　　　プロ野_{やきゅう}球チーム　　　　_____

IV. Choosing answers from the below, fill in the blank with the most appropriate word. Change it to its appropriate form if needed. Each word may be used only ONCE.

吹_ふく　　たたく　　奥_おさん　　彼女　　彼　　なつかしい 踊_{おど}り　　寂_{さび}しい　　わかれる　　つきあっていました

1. 子供のころを思い出すと、とても_____です。

2. 森本さんの_____は、とてもおとなしくてきれいです。
　_____はフルートも_____し、ドラムも_____し、
　_____も上手だし、すごいですよ。

3. 二年間ゆうすけさんと_____のに、最近_____、
　とても_____です。
　　　　　　　　　　　　　　　　　　　　　　　　separated
　　　　　　lonely

六課　　　　　　　　　　　82

I. Read the paragraph below about 美空ひばり. Answer the questions that follow in <u>ENGLISH</u>.

演歌歌手の 美空ひばりは１９３７年に横浜で生まれた。歌が本当に上手で、十才の時にデビューして、とても人気があった。「リンゴ追分」とか、「悲しい酒」とか「川の流れのように」という曲が人気があって、ベストテンに入った。１９５０年代に映画女優としても人気があった。美空ひばりは両親を大事にし、よく世話をしてあげたので、１９５７年に日本人が一番尊敬する人は美空ひばりだった。１９６２年に小林旭という歌手と結婚した。でも、ずっと幸せではなかった。子供はいなかったし、２年してから、ご主人と別れたし、弟のてつやは銃を持っていたりして、いつも問題があった。紅白歌合戦にも出なくなった。１９８９年の６月２４日に病気で亡くなった。美空ひばりは生きている間にも人気があったし、亡くなってからも人気がある。

A. List three facts about 美空ひばり.

1. ＿＿＿＿＿＿＿＿＿＿＿＿＿＿＿＿＿＿＿＿＿＿＿＿＿

2. ＿＿＿＿＿＿＿＿＿＿＿＿＿＿＿＿＿＿＿＿＿＿＿＿＿

3. ＿＿＿＿＿＿＿＿＿＿＿＿＿＿＿＿＿＿＿＿＿＿＿＿＿

B. Write three positive things about her life.

1. ＿＿＿＿＿＿＿＿＿＿＿＿＿＿＿＿＿＿＿＿＿＿＿＿＿

2. ＿＿＿＿＿＿＿＿＿＿＿＿＿＿＿＿＿＿＿＿＿＿＿＿＿

3. ＿＿＿＿＿＿＿＿＿＿＿＿＿＿＿＿＿＿＿＿＿＿＿＿＿

C. Write two unfortunate things about her life.

1. ＿＿＿＿＿＿＿＿＿＿＿＿＿＿＿＿＿＿＿＿＿＿＿＿＿

2. ＿＿＿＿＿＿＿＿＿＿＿＿＿＿＿＿＿＿＿＿＿＿＿＿＿

II. Paste a picture of a celebrity that you like or admire. Give a description of that person, using all of the space provided below. Write in the plain form. Write NEATLY. Use *kanji* you have learned.

_____ という _____

_____

_____

_____

_____

_____

_____

_____

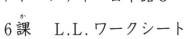
You may not understand all the Japanese,
but use the context to help you comprehend as much as you can!

I. Listen to the descriptions of the actions of different people. Find the best picture that matches each description.

Ex: (Ex.) 1. (　　) 2. (　　) 3. (　　) 4. (　　) 5. (　　)

Ex.　　　　　　　　　　A.　　　　　　　　　　B.

C.　　　　　　　　　　D.　　　　　　　　　　E.

II. Emi has a part-time job as a reporter for a local FM station. Listen to her interview of a famous singer. Read each of the following statements. If the statement is true, mark A. If not, mark B.

6. (A. True　B. False)　Emi likes Hiromi's song because it is cute.

7. (A. True　B. False)　Emi likes to sing Hiromi's recent song when she goes to *karaoke*.

8. (A. True　B. False)　Hiromi is a popular singer among high school students.

9. (A. True　B. False)　Hiromi's husband is an actor.

10. (A. True　B. False)　Hiromi is acting in a new *samurai* movie and sings its theme song.

11. (A. True　B. False)　Emi wants to go to see the movie because she likes Hiromi.

12. (A. True　B. False)　The movie will open this month.

III. Mari and Emi are watching T. V. Listen to their conversation. Choose the most appropriate answer from the choices given.

13. Asada Narumi is (A. an actor/actress   B. a singer   C. a baseball player).

14. Takaki is (A. an actor/actress   B. a singer   C. a baseball player).

15. Ishikawa Mami is (A. an actor/actress   B. a singer   C. a baseball player).

16. Narumi has (A. gained   B. lost   C. maintained her) weight.

17. Narumi is now (A. as popular as before   B. not as popular as before

    C. more popular than ever).

18. Narumi (A. is   B. is not) happy with her marriage now.

19. Narumi (A. was   B. was not) happy about her marriage when she got married.

20. Narumi (A. divorced recently   B. will divorce soon   C. will not divorce).

21. Takaki is not (A. good looking   B. kind   C. good at baseball   D. rich).

22. Emi (A. wanted   B. did not want) to marry someone like Takaki.

23. Mari (A. wanted   B. did not want) to marry someone like Takaki.

24. Takaki lives with (A. Narumi   B. Mami   C. nobody) now.

25. Mari and Emi feel sorry for (A. Narumi   B. Mami   C. Takaki).

文化ノート　　　　　　　　　　　　　日付:＿＿＿＿＿＿＿＿＿＿＿＿＿＿＿＿＿＿＿

I. Choose the most appropriate word for each description from among the choices given. Write the letter in the (　　).

A. 内	B. 風呂場	C. 節分	D. たたみ	E. 畳
F. 外	G. つぼ	H. しょうじ	I. ぶつだん	J. ふすま
K. ふとん	L. 床の間	M. かけじく	N. 生け花	O. ざしき

1. (　　) Concept that defines "in-groupness."

2. (　　) Concept that defines "out-groupness."

3. (　　) This celebration occurs in early February. It marks the end of winter and the coming of spring.

4. (　　) Japanese thick straw mats.

5. (　　) Counter for たたみ. It is used as measurement of room size in Japan.

6. (　　) This is used to measure land area in Japan. It is approximately the same size as 二畳.

7. (　　) Japanese-style room that is used to formally receive guests.

8. (　　) Rice-paper sliding door.

9. (　　) Sliding doors that are covered with durable opaque paper.

10. (　　) Japanese sleep on this. It is stored in an 押し入れ during the day.

11. (　　) Alcove in a Japanese-style room. It is the focal point of the room.

12. (　　) Scroll of a traditional Japanese painting or calligraphic work.

13. (　　) A Japanese-style flower arrangement.

14. (　　) A small Buddhist altar that is dedicated to the deceased members of the family.

15. (　　) The bathing area.

II. 正しければ、○を書いてください。正しくなければ、Xを書いて下さい。

If the statement is correct, write a circle in the ( ); if not write an X.

1. (　) 節分の日に「福は外、鬼は内」と言う。

2. (　) 畳はたいてい丸い。(丸い＝ round)

3. (　) 日本の家に５畳の和室がある。

4. (　) ざしきは洋室だ。

5. (　) ふすまはたいてい暗い色だ。

6. (　) ふすまを開けると、部屋があったり、押し入れがあったりする。

7. (　) 床の間は洋室にある。

8. (　) かけじくは床の間にかける。

9. (　) 時々、床の間に生け花がある。

10. (　) 一番えらい客(guest)は床の間の近くに座ってもらう。

11. (　) 床の間に座ってもいい。

12. (　) 仏壇はたいてい洋室にある。

13. (　) 時々、仏壇の中に亡くなった人の写真がある。

14. (　) ざしきは夜、寝室にもなる。

15. (　) 日本でもたいていトイレとお風呂は同じ部屋にある。

16. (　) 日本の風呂の方が西洋のバスよりふかい。(ふかい＝deep)

17. (　) 日本人も風呂の中で体を洗う。

18. (　) 家族みんなが同じお風呂のお湯を使う。(お湯＝hot water)

19. (　) たいていお父さんが最後にお風呂に入る。(最後に＝ last)

20. (　) 日本のトイレはたいていとても広い。

21. (　) 日本のトイレに入る前、トイレのスリッパにはきかえなければならない。トイレのスリッパはトイレでしか使わない。

22. (　) 日本のトイレで手を洗う所は水のタンクの上にある。

23. (　) トイレで「大」の方へレバーを押すと、たくさん水が出る。
(レバー＝ lever, 押す＝ push)

七課　　　　88

I. Read the following statements and circle 本当 for true and 違う for False.

1. (本当　違う)　勉強すれば、成績はたいてい良くなる。

2. (本当　違う)　部屋に床の間や障子があれば、その部屋は和室だ。

3. (本当　違う)　二階建ての家なら、階段がいる。

II. Complete to make meaningful sentences.

1. 日本語を三年勉強すれば、（　　）　A. 速いよ。

2. タクシーで行けば、　　　　　　（　　）　B. その英語の意味が分かる。

3. 英和辞典を引けば、　　　　　　（　　）　C. 成績が悪くなる。

4. 勉強しなければ、　　　　　　　（　　）　D. 日本語が話せるはずだ。

5. この薬を飲めば、　　　　　　　（　　）　E. コーヒーはあまくない。

6. さとうを入れなければ、　　　　（　　）　F. 玄関でくつをぬがなければならない。

7. 山に雪があれば、　　　　　　　（　　）　G. 日本ではお酒を飲んではいけない。

8. 二十オじゃなければ、　　　　　（　　）　H. 元気になるよ。

9. 日本の家なら、　　　　　　　　（　　）　I. 持ちやすい。

10. バッグが軽ければ、　　　　　　（　　）　J. スキーが出来るよ。

III. Match the phrases to form complete sentences.

1. もし漢和辞典がもう少し安ければ、　（　　）　A. ピクニックをします。

2. 学校が近ければ、　　　　　　　　　（　　）　B. 私も行きません。

3. 私の部屋がもう少し広ければ、　　　（　　）　C. みんなに来てもらえますが。

4. あなたがパーティーに行かなければ、（　　）　D. 毎日歩いて行きます。

5. 日本での生活を経験しなければ、　　（　　）　E. 買います。

6. 明日天気が良ければ、　　　　　　　（　　）　F. 日本人が分かりません。

七課

IV. Read the sentences below, then choose the most appropriate choice from the box. Change each choice to the correct BA form and fill in the blanks. Use each choice only once.

安い, はやい, ひく, おもしろい, いい, べんり, ふべん

1. 店員(store clerk)：いちごはいかがですか。安くしますよ。

　　まり：そう？（　　　　　　　）ば、買います。

2. 田中：この電気製品を使う？

　　まり：（　　　　　　）使うけど、（　　　　　　）使わない。

3. 田中：明日、ピクニックへ行かない？

　　まり：そうね。天気が（　　　　　　）ば、行きます。

4. 田中：土曜日に映画を見に行かない？

　　まり：どんな映画？（　　　　　　）ば、行きます。

5. ケン：お兄さん、この漢字の意味を知っていますか？

　　お兄さん：ううん、でも辞書を（　　　　　　）ば、分かります。

6. ケン：お兄さん、小さい時、何になりたかったんですか？

　　お兄さん：野球の選手。もう少し足が（　　　　　　）ば、なれました。

V. 漢字コーナー：Rewrite the entire sentence using the *kanji* you have learned.

1. にほんのいえにはとうようてきなものとせいようてきなものがある。

2. はちじょうのたたみのへやはわしつで、きゃくまとしてつかっている。

3. まどをあけて、ひろくて、うつくしいにわをみながら、しょくじをしたい。

4. よる、おふろにはいるとき、おふろのまどはしめておきたい。

5. あのかしゅのじゅうしょをしっていますか。

文法：Particle＋の、〜として　　　　日付:＿＿＿＿＿＿＿＿＿＿＿＿＿＿

I. Choose the most appropriate particles from among the choices given. Write the particles in the parentheses. Use each choice only once.

での，　からの，　への，　との，　までの

1. 日本　（　　　　　）生活はべんりだ。

2. ディズニーランド　（　　　　　）旅行は楽しかった。

3. 先生　（　　　　）電話はこわい。

4. 好きな人　（　　　　）デートはうれしい。

5. 火曜日　（　　　　）プロジェクトをしなければならない。

II. 正しかったら「正しい」を、違っていたら「違う」に○をして下さい。

1. (正しい　違う) 私の家では一番大きい部屋を両親の寝室として使っている。

2. (正しい　違う) 私の家では一番小さい部屋を私の部屋として使っている。

3. (正しい　違う) 今、アドベンチャー日本語3を教科書として使っている。

4. (正しい　違う) 私達の学校は学校としてとてもいい。

III. 質問に日本語で答えて下さい。

1. あなたの部屋は子どもの部屋として広いと思いますか。

＿＿＿＿＿＿＿＿＿＿＿＿＿＿＿＿＿＿＿＿＿＿＿＿＿＿＿＿＿＿

2. 日本語の教室は教室としてせまいと思いますか。

＿＿＿＿＿＿＿＿＿＿＿＿＿＿＿＿＿＿＿＿＿＿＿＿＿＿＿＿＿＿

3. 高校生として今何をしなければなりませんか。

＿＿＿＿＿＿＿＿＿＿＿＿＿＿＿＿＿＿＿＿＿＿＿＿＿＿＿＿＿＿

IV. 質問に日本語で答えて下さい。

1. どんな家に住んでいますか。（家、マンション、アパート、そのほか）

_____

2. 家は何階建てですか。　_____

3. 寝室がいくつありますか。　_____

4. ベランダがありますか。いくつありますか。　_____

5. 自分の部屋がありますか。何階にありますか。

_____

6. いつ、どこでくつをぬぎますか。

_____

7. トイレとバスは同じ部屋にありますか。　_____

8. どの部屋のゆかにカーペットがありますか。　_____

9. 家にたたみの部屋がありますか。　_____

V. Rewrite the underlined *hiragana* in *kanji*. Use *okurigana* if necessary.

1. いえのまえにもんがある。　　　　2. このへやは四畳はんのわしつだ。

3. 床のまにうつくしいはながあってこころがおちつく。

4. おしょうがつにただしく　せい座をした。

5. A: あのびじんのじょ性かしゅをしっていますか。　B: しりません。

VI. Choose the antonym (opposite) from among the choices given in the box.

朝, 洋室, 寝る, 外, 出る, 主人, 黒, 開ける, 上がる

1. 下りる⇔（　　　）　　4. 晩　⇔（　　　）　　7. 白　⇔（　　　）

2. 入る　⇔（　　　）　　5. 内　⇔（　　　）　　8. 和室⇔（　　　）

3. 起きる⇔（　　　）　　6. 閉める⇔（　　　）　　9. 家内⇔（　　　）

アドベンチャー日本語3　7課ー4　　　名前:＿＿＿＿＿＿＿＿＿＿＿＿＿＿

文法：〜てある　　　　　　　　　　日付:＿＿＿＿＿＿＿＿＿＿＿＿＿＿

I. Match the following sentences with the correct drawings.

1. (　　) 床の間にはかけじくがかけてある。　　A.

2. (　　) 電気がけしてある。

3. (　　) 窓が開けてある。

4. (　　) 窓が閉めてある。　　　　　　　　　　B.

5. (　　) 生け花がかざってある。

6. (　　) コップが出してある。

7. (　　) 人が電気をつけている。　　C.

8. (　　) 人が窓を閉めている。

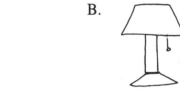

9. (　　) 電気がつけてある。

D.　　　　　　　　　E.　　　　　　　　　F.

G.　　　　　　　　　H.　　　　　　　　　I.

七課

II. Describe the series of pictures using 〜ている or 〜てある as in the example.

Ex.　A. 電気<u>を</u>けし<u>ている</u>。　　　　A. 　　B.

　　　B. 電気<u>が</u>けし<u>てある</u>。

1.　A. 電気<u>を</u>＿＿＿＿＿＿＿＿。　　A. 　　B.

　　B. 電気<u>が</u>＿＿＿＿＿＿＿＿。

2.　A. まど<u>を</u>＿＿＿＿＿＿＿。　　A. 　　B.

　　B. まど<u>が</u>＿＿＿＿＿＿＿。

3.　A. まど<u>を</u>＿＿＿＿＿＿＿。　　A. 　　B.

　　B. まど<u>が</u>＿＿＿＿＿＿＿。

III. Refer to the drawing, then complete each sentence by choosing the most appropriate verb from the box at the right. Do not forget to change the verbs to their correct te-forms. Some choices may be used more than once.

かざる
開ける
おく
閉める
つける
かける

これはぼくの家の和室だ。かけじくが（　　　　　）あって、花が（　　　　　）ある。障子（しょうじ）が（　　　　　）あり、ふすまも（　　　　　）ある。それから、ざぶとんが（　　　　　）あって、電気が（　　　　　）あり、本が（　　　　　）ある。

IV. Rewrite the underlined *hiragana* in *kanji*. Use *okurigana* if necessary.

1. <u>ひろなか</u>さんの<u>ご</u><u>しゅじん</u>は<u>とうきょう</u>に<u>すん</u>でいる。

2. <u>にしかわようこ</u>さんの<u>いえ</u>は、<u>ひろ</u>くて、<u>うつくし</u>い。

文法：～かもしれない　日付:＿＿＿＿＿＿＿＿＿＿＿＿＿＿＿＿

I. Do you agree with the following statements? Circle はい if you agree and いいえ if you disagree.

1. （はい　いいえ）　明日、雨がふるかもしれない。

2. （はい　いいえ）　明日、雪がふるかもしれない。

3. （はい　いいえ）　明日、風が強いかもしれない。

4. （はい　いいえ）　七課の試験は、むずかしいかもしれない。

5. （はい　いいえ）　週末、パーティーへ行くかもしれない。

6. （はい　いいえ）　高校を卒業した後、大学へ行かないかもしれない。

7. （はい　いいえ）　日本に侍がいた時、日本人の生活は、あぶなかった
　　　　　　　　　　　　かもしれない。

8. （はい　いいえ）　スヌーピーという漫画をかいた人は、犬が好きだった
　　　　　　　　　　　　かもしれない。

II. Look at the picture and, using the English hints, fill in the blanks by choosing the most appropriate words. Use the appropriate forms of verbs, nouns and adjectives.

雪,　雨,　ふります,　さむい,　あたたかい

今日、北海道は（　　　　）が（　　　　）かもしれません。(snow)

とても（　　　　）かもしれません。

京都は朝、曇りで、後で（　　　　）が（　　　　）かもしれません。(rain)

あまり（　　　　）かもしれません。(not cold)

沖縄は（　　　　）が（　　　　）かもしれません。(not rain)

とても（　　　　）かもしれません。

95

七課

III. Look at the pictures below as cues as you answer the questions using ので and かもしれません.

Ex. A: 「あの人は何人ですか。」

　　 B: 「<u>カメラとビデオカメラを持っている</u>ので、<u>日本人かもしれません。</u>」

1. 「あのレストランはいいでしょうか。」

　 「＿＿＿＿＿＿＿＿＿＿＿＿＿＿ので、＿＿＿＿＿＿＿＿＿＿かもしれません。」

2. 「マリさんは明日学校へ行くでしょうか。」

　 「＿＿＿＿＿＿＿＿＿＿＿＿＿＿＿、＿＿＿＿＿＿＿＿＿＿＿＿＿＿。」

3. 「ケンさんはパーティーへ行くでしょうか。」

　 「＿＿＿＿＿＿＿＿＿＿＿＿＿＿＿、＿＿＿＿＿＿＿＿＿＿＿＿＿＿。」

4. 「デイビッドさんはテニスもする？」

　 「＿＿＿＿＿＿＿＿＿＿＿＿＿＿＿、＿＿＿＿＿＿＿＿＿＿＿＿＿＿。」

Ex.	1.	2.	3.	4.
		マリ	ケン	デイビッド

IV. Create a compound word by combining a *kanji* from among the choices in the box with the *kanji* given below. Write the reading of the compound *kanji* in *hiragana*. 漢字は一度しか使ってはいけません。

洋, 東, 和, 主, 部, 家, 上, 住

Ex. （東）洋　<u>とうよう</u>　　　　4.（　）所　＿＿＿＿＿＿

1.（　）室　＿＿＿＿＿＿　　　　5.（　）手　＿＿＿＿＿＿

2.（　）人　＿＿＿＿＿＿　　　　6.（　）間　＿＿＿＿＿＿

3.（　）内　＿＿＿＿＿＿　　　　7.（　）屋　＿＿＿＿＿＿

I. Change the underlined TE forms to the correct verb stem forms to make the statement more formal. Fill in the blanks.

Ex. 生け花を<u>かざって</u>（　かざり　）、玄関を掃除した。

1. 和室で<u>正座をして</u>（　　　　　　　　）、お茶を飲んだ。

2. かけじくが<u>かけてあって</u>（　　　　　　　　）、生け花もかざってある。

3. 去年、家を<u>建てて</u>（　　　　　　　）、今、東京に住んでいる。

4. <u>階段を下りて</u>（　　　　　　　）、おうせつ間へ行った。

II. Read the passage from Lesson 7 and circle 正しい or 違う. If a statement is false, <u>underline the word(s) that make it false and make changes in the sentence to make it true.</u>

Ex. （正しい （違う）） Ken's host family lives in a <u>three</u>-story house.
　　　　　　　　　　　　　　　　　　TWO

1. （正しい　違う） Ken does not have to take off his shoes at the entrance.

2. （正しい　違う） Both Eastern and Western things are in this house.

3. （正しい　違う） The Western-style room is used as a reception room.

4. （正しい　違う） The reception room faces a garden.

5. （正しい　違う） Ken likes this reception room.

6. （正しい　違う） He can sit on the floor comfortably.

7. （正しい　違う） He may build a room like this reception room in the future.

8. （正しい　違う） The living room is a Japanese-style room.

9. （正しい　違う） The bath and toilet are in the same room.

10. （正しい　違う） Ken's room is a Western-style room.

11. （正しい　違う） Ken's room is on the first floor.

12. （正しい　違う） Ken's room is a large room.

13. （正しい　違う） There is a bed in Ken's room.

14. (正しい　違う) Ken thinks if one experiences life in a Japanese house, one will understand the Japanese.

III. Write an English proverb with a meaning similar to 「郷に入れば郷にしたがえ」.

_____

IV. 漢字コーナー：下線(underline)のことばを漢字で書いて下さい。おくりがな
     （ひらがな）も書きましょう。

  ぼくのか族はとう京にすんでいる。いえは二階建ての家だ。玄関でくつを

ぬがなければならない。家にはとうよう的なものとか、せいよう的な物があ

る。わしつのへやはひとつしかない。一階にきゃくまとだいどころがあり、

二階にみっつ、しんしつがある。ぼくの部屋はいちばん ちいさい部屋で、

ちちとははが一番ひろい部屋をつかっている。にばんめの部屋はあねと

いもうとの部屋だ。ぼくのへやはあまりうつくしくない。ぼくは掃除がすき

じゃないので、いつもめちゃくちゃだ。

質問：質問に英語で答えて下さい。
  1. Where does this family live?　　　　　　　_____
  2. How many stories does this house have?　_____
  3. What do you have to do when you enter this house?　_____
  4. How many Japanese-style rooms does this house have?　_____
  5. How many bedrooms does this house have?　_____
  6. Who uses the largest room in this house?　_____
  7. Who uses the smallest room in this house?　_____
  8. Why is the writer's room always messy?　_____

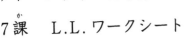
You may not understand all the Japanese,
but use the context to help you comprehend as much as you can!

I. Look at the following picture. Listen to the questions. If the answer is "yes" mark A; if it is "no," mark B.

1. (A. Yes   B. No)

2. (A. Yes   B. No)

3. (A. Yes   B. No)

4. (A. Yes   B. No)

5. (A. Yes   B. No)

II. Mari is planning to visit Ken's house in the U.S. She wants to know the difference between Japanese and American customs. Listen to the following dialogue. Read each of the following statements. If it is true, mark A; if not, mark B.

6. (A. True   B. False)   When entering Ken's house, you do not have to take off your shoes.

7. (A. True   B. False)   Ken takes off his shoes before he goes to bed.

8. (A. True   B. False)   Mari thinks taking off one's shoes before entering the house is a good idea.

9. (A. True   B. False)   Mari thinks wearing shoes inside the house makes a house smelly.

10. (A. True   B. False)   At Ken's house, the toilet and bath are in separate rooms.

11. (A. True   B. False)   Ken likes Japanese baths.

12. (A. True   B. False)   At Mari's house in Japan, one has to close the door to the toilet when it is vacant.

III. Emi, a high school student and radio personality, is interviewing Hiroko, a famous singer, on a radio program. Listen to the following dialogue and answer the questions.

13. Hiroko was in Hawaii for (A. one week   B. one month   C. one year).

14. Hiroko went to Hawaii for (A. a vacation   B. her job   C. her family).

15. In Hawaii, Hiroko lived in (A. a house   B. an apartment   C. a condominium   D. a mansion).

16. She could see the (A. ocean   B. mountains   C. A & B   D. hotels) from her windows.

17. She went to Hawaii (A. by herself   B. with her husband   C. with her daughter

   D. with her husband and daughter).

18. There were (A. one   B. two   C. three   D. four) bedrooms where Hiroko lived.

19. There were (A. one   B. two   C. three   D. four) toilets at the home where Hiroko lived.

20. Her place was located in (A. a convenient place   B. an inconvenient place).

21. Near her place, there was a (A. beach   B. recording studio   C. shopping center   D. A & B

   E. A, B, & C).

22. Hiroko's bedroom is (A. small   B. large).

23. Hiroko's bedroom was (A. a Japanese-style room   B. a Western-style room).

24. In her bedroom, there was (A. Hiroko's painting   B. Hiroko's poster   C. Hiroko's picture).

IV. Mari is interested in going to the U.S. She is asking an American teacher about life there. Listen
    to the tape. Read each of the following statements. If it is true, mark A; if it is not true, mark B.

25. (A. True   B. False)   Mari has never gone to the U.S. before.

26. (A. True   B. False)   Mari wants to go to the U.S. for one month if it is financially possible.

27. (A. True   B. False)   Mari can speak English well.

28. (A. True   B. False)   It may still be fun for Mari to go to the U.S. if she is interested in life there

                            despite her poor proficiency in English.

29. (A. True   B. False)   Students should be able to homestay in the U.S.

30. (A. True   B. False)   Non-students should be able to homestay in the U.S.

名前: _____

7課か　作文：「私の家」

日付づけ: _____

1. Based on what you have learned in class and the textbook, describe a typical Japanese house.
   (Look at ads, magazines, web pages, etc.)
2. Describe two customs expected in a Japanese house.
3. The composition must be organized with an introduction, body, and summary.
4. Use new vocabulary and sentence patterns, such as しか, OO form, 〜という, 〜とか, 〜という, ので, のに, Modifying clause, 前, 後, 間, 時, ながら, 〜た方がいい, 〜し, 〜てから, 〜そうだ, 〜ば, 〜てある, 〜かもしれない, STEM、〜, etc.
5. Be prepared to turn in this outline with your composition.

ブレインストーム

　この日本の家：

　日本の家でのマナー：

　　1.

　　2.

Outline:
 Introduction:

　Body:

　Summary:

How to use *genko yoshi* (Japanese composition paper).

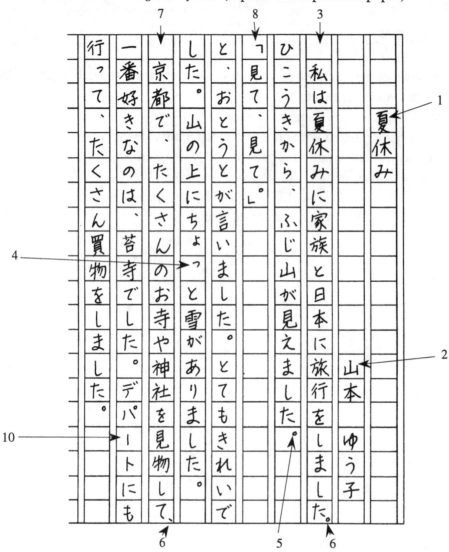

1. Title: Write on the first line. Leave three to four spaces at the top before writing the title.

2. Name: Write on the second line. Write your last name first. Leave a space and write your first name. Leave one space at the bottom of the line.

3. Body: Start writing your composition on the line following your name. Indent one space.

4. For small letters such as "っ" and "ゃ," use one space and write them in the upper right part of the square.

5. Periods and commas: Use one space. Write in the upper right part of the square.

6. Do not write periods or commas at the beginning of a new line. Instead, write them at the bottom of the line within the space of the previous character, as indicated.

7. New paragraph: Indent one space.

8. When a sentence starts with ⌐ or ⌒, use one space as indicated.

9. Do not use ⌐ or ⌒ at the top of a new line. Instead, write it at the end of the sentence within the space of the previous character at the bottom of the sheet.

10. For *katakana* vowel lengthening, use ｜ as indicated. Use one space.

I. Read the 文化コーナー：Choose the most appropriate word for each food preparation style from the choices given.

Choices:

A. 焼物	B. 揚げ物	C. 蒸物	D. 煮物
E. 汁物	F. 酢の物	G. つけ物	H. なべ物

1. (　　) vinegared food.

2. (　　) soup.

3. (　　) steamed food.

4. (　　) food simmered in broth.

5. (　　) pickled vegetables.

6. (　　) foods prepared and served in a pot.

7. (　　) deep fried food.

8. (　　) broiled or grilled food.

II. Draw each of the following items in its correct position on the tray.

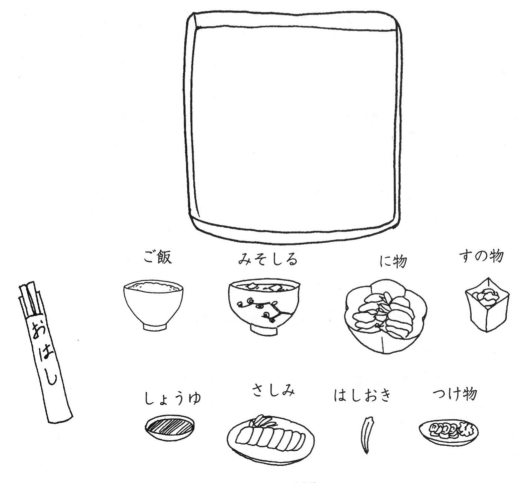

ご飯　　みそしる　　に物　　すの物

おはし　　しょうゆ　　さしみ　　はしおき　　つけ物

八課

III. 正しければ、○を書いてください。正しくなければ、Xを書いて下さい。

正しくなかったら、<u>正しくない所</u>の下にせん(line)を書いて、正しくして下さい。

Example: (X)   Green tea is generally served in cups that <u>have handles</u>.

have no handles

1. (   )   In most situations, tea cups arrive with a little saucer beneath that serves as a coaster.

2. (   )   You have to use very hot boiled water for making green tea.

3. (   )   You hold a teacup with just one hand.

4. (   )   Japanese dishes come in matching sets like Western dishes.

5. (   )   The pointed end of the chopsticks face the left of the setting.

6. (   )   Slurping is acceptable and encouraged while eating noodles.

7. (   )   You should not pour soy sauce on your rice.

8. (   )   You should not pass food to another person from chopstick to chopstick.

9. (   )   Before the 19th century, most Japanese people ate only twice a day; this is why Japanese

inns serve food only twice a day.

IV. Match the Japanese words and their descriptions below. Use each once only.

1. 抹茶 (   )   2. おしぼり (   )   3. 幕の内弁当   (   )

4. 駅弁 (   )   5. おかし   (   )

A. Moist, heated towels used to wipe one's hands.

B. Powdered tea used for formal tea ceremonies.

C. Originally meant "snack" or "fruits," but currently means any sort of sweets.

D. 駅で売っている弁当.

E. *Bento* that is eaten during the intermissions of *kabuki* performances.

I. Read the following statements. Whom do they describe? If it describes you, write 私. Otherwise, write the name of a person (your friend, family member or 有名な人) it describes in the blank.

1. (　　　　　　　　　) は、ゴルフばかりしている。

2. (　　　　　　　　　) は、いつも肉ばかり食べる。

3. (　　　　　　　　　) は、テレビばかり見ている。

4. (　　　　　　　　　) は、買い物ばかりしている。

5. (　　　　　　　　　) は、野菜しか食べない。

II. Read each of the situations below and decide which sentence best describes the situation. Circle a. or b.

1. You went to Japan and saw only Japanese.

   a. 日本人しか見なかった。　　　　　　b. 日本人ばかり見た。

2. You went to a small town in Nebraska and met only one Japanese.

   a. 日本人は一人しか会わなかった。　b. 日本人ばかりに会った。

3. Your friend from Japan came to visit and you took him to eat American food. He ordered steak and hamburger and beef stew! He ate everything up!

   a. 友達は牛肉ばかり食べた。　　　　　b. 友達は牛肉しか食べなかった。

4. Your little brother ate some rice at a restaurant. He refused to eat anything else.

   a. 弟さんはご飯ばかり食べた。　　　　b. 弟さんはご飯しか食べなかった。

III. Circle the most appropriate response.

1. ホストファミリーのお母さんは、ケンが好きな物 （ばかり　しか） 料理した。

2. ホストファミリーのお母さんは、ケンが好きな物 （ばかり　しか） 料理しなかった。

3. エミさんはベジタリアンなので、野菜 （ばかり　しか） 食べない。

4. 豆腐 （ばかり　しか） 食べると、頭が悪くなると聞きました。

107　　　　　　　　　　　　　　　　　　　　八課

IV. Write a situation in English in which using ばかり would be appropriate, then write an appropriate descriptive sentence in Japanese using ばかり that describes that situation.

英語： _____

日本語： _____

V. Odd Man Out: どのことばが、違いますか。違うことばに○（まる）をして下さい。
なぜですか。りゆう(reason)も日本語で書いて下さい。

1. （つけ物　たくあん　納豆　自然） _____ ので。

2. （三角　最高　四角　丸） _____ ので。

3. （最初　肉　野菜　果物） _____ ので。

VI. Write an antonym (opposite) for each word below.

1. 和食 _____ 4. やわらかい _____

2. 最初 _____ 5. いいにおい _____

3. あまい _____ 6. 太い _____

VII. 漢字コーナー：

A. 好きな色に丸をして下さい。

（ 赤　青　黄色　茶色　白　黒　金色　銀色 ）

B. 書きましょう。おくりがなも書いて下さい。

1. じゆうながっこう　　2. ながくて　うつくしい　あおい　たけ

3. あかいとり　きいろいとり　あおいとり　　4. うつくしい　し然

5. にほんりょうり　　6. わふうドレッシングのあじ　　7. おもいバッグ

文法：～らしい　　　　　　　　　　　　　日付づけ:＿＿＿＿＿＿＿＿＿＿＿＿＿＿＿＿＿

I. うわさ：本当だと思いますか。違うと思いますか。丸をして下さい。

1. （本当　違う）　　次つぎの日本語の試験は、やさしいらしい。

2. （本当　違う）　　先生は、納豆なっとうが好きじゃないらしい。

3. （本当　違う）　　先生は、夏休みに日本へ行くらしい。

4. （本当　違う）　　先生は、日本の大学へ行ったらしい。

5. （本当　違う）　　竹の子という食べ物は、少し苦いらしい。

6. （本当　違う）　　私の英語の先生は、この学校の生徒だったらしい。

7. （本当　違う）　　先生が好きな食べ物は、和食らしい。

II. Match the following statements to create appropriate sentences. Use each statement once.

____ 1. アメリカに帰ってから、　　　A. アメリカ人は好きじゃないらしい。

____ 2. 弁当が最高だったので、　　　B. 日本レストランでバイトするそうだ。

____ 3. 和食は、　　　　　　　　　　C. このケーキは甘あいらしい。

____ 4. 砂糖さとうを入れすぎたそうなので、D. 健康的けんこうらしい。

____ 5. 納豆なっとうは変わった味なので、　E. あの人は和食が好きになったらしい。

III. Answer the questions with either はい or いいえ and らしい.

Example: たくあんという漬けつけ物は、くさいですか。はい、くさいらしいです。

1. 竹の子は、苦いですか。　　　＿＿＿＿＿＿＿＿＿＿＿＿＿＿＿＿＿

2. 豆腐とうふは、健康的けんこうですか。　＿＿＿＿＿＿＿＿＿＿＿＿＿＿＿＿＿

3. 納豆なっとうは、おいしいですか。　＿＿＿＿＿＿＿＿＿＿＿＿＿＿＿＿＿

4. 東京の電車は便利べんりですか。　＿＿＿＿＿＿＿＿＿＿＿＿＿＿＿＿＿

IV. 最近、どんなうわさを聞きましたか。「～らしい」を使って、日本語で書いて下さい。

うわさによると、＿＿＿＿＿＿＿＿＿＿＿＿＿＿＿＿＿＿＿＿＿＿＿＿

V. はんたいのことば (antonym) を書いて下さい。

1. 太い　⇔ _____
2. 重い　⇔ _____
3. うすい ⇔ _____

4. からい ⇔ _____
5. かたい ⇔ _____
6. 明るい ⇔ _____

7. 丸い ⇔ _____
8. 短い ⇔ _____
9. 古い ⇔ _____

VI. 何色ですか。漢字で書きましょう。

海（　　　）たくあん（　　　）ご飯（　　　）いちご（　　　）のり（　　　）

dried pressed seaweed

VII. プロジェクト＆漢字：「かめ弁当のイントロダクション」を読んで下さい。

Write the underlined words in *kanji* (and *okurigana*) and write the *hiragana* reading for the underlined *kanji*.　Answer the questions below in English.

私達のお弁当のテーマは、かめだ。かめは日本の文化の中で、とても

大事な動ぶつなので、かめにした。お弁当のいろいろな所に、かめを

使おうと思っている。材料やその意味、作り方や、かざりや、入れ物や、

たべる時につかう ものについてかく。お弁とうの中のたべものは、全部に

意みがあり、お弁当を作るのは、とてもおもしろいとおもう。いろいろな

日本のぶんかが、分かるだろう。

知らないたん語：かめ(turtle)、かざり(decoration)、入れ物 (container)

---

1. What is the theme of this bento?　_____

2. Why did this author choose this theme?　_____

3. What is he/she going to write about? Mention at least four things.

_____

八課　　　　　110

文法：～ておく　　　　　　　　　　　　日付:＿＿＿＿＿＿＿＿＿＿＿＿＿＿＿＿

I. おむすび (or おにぎり)を作る前に、何をしておかなければなりませんか。下の文を読んで、正しかったら、「正しい」に丸をして下さい。正しくなかったら、「違う」に丸をして下さい。

1. (正しい　違う)　　お米を洗っておく。

2. (正しい　違う)　　ご飯をたいて(cook rice)おく。

3. (正しい　違う)　　手を洗っておく。

4. (正しい　違う)　　のりを切っておく。

5. (正しい　違う)　　ご飯を少しさまして(cool)おく。

6. (正しい　違う)　　手に塩をかけておく。

II. Answer the following questions using the hints and the ～ておく pattern ending with ～て下さい.

Example:　A: 鍋を熱くしましょうか。

　　　　　B: ええ、（熱くしておいて下さい。）

1. A: 飲み物を冷蔵庫に入れましょうか。

　B: ええ、（　　　　　　　　　　　　　　　　）。

2. A: お弁当を作りましょうか。

　B: ええ、（　　　　　　　　　　　　　　　　）。

3. A: 料理しましょうか。

　B: ええ、（　　　　　　　　　　　　　　　　）。

4. A: たくあんを小さく切りましょうか。

　B: ええ、（　　　　　　　　　　　　　　　　）。

5. A: 竹の子を煮ましょうか。

　B: ええ、（　　　　　　　　　　　　　　　　）。

6. A: 魚を焼きましょうか。

　B: ええ、（　　　　　　　　　　　　　　　　）。

7. A: お醤油をかけましょうか。

　B: ええ、（　　　　　　　　　　　　　　　　）。

III. これからお客さん(guest) が、家に来ます。どんな事をしておかなければなりませんか。絵をヒントとして使って下さい。

Example: <u>飲み物をれいぞうこの中に入れておかなければなりません。</u>

1. _____

2. _____

3. _____

toy: おもちゃ

IV. お弁当を作る前に、何をしておかなければなりませんか。文を四つ書いて下さい。

Example: <u>手をあらっておかなければなりません。</u>

1. _____

2. _____

3. _____

4. _____

V. はんたいのことば(antonym) を漢字で書こう。おくりがなも書こう。

1. 和風　　⇔_____
2. みじかい⇔_____
3. ほそい　⇔_____
4. 最初　　　　　　⇔_____
5. 洋食　　　　　　⇔_____
6. きそくは<u>きびしい</u> ⇔ きそくは_____
　　　　　　　　　　　　　　　　　　liberal

VI. 漢字で書こう。

とりにく( )( )　　さかな( )　　ぎゅうにく( )( )

八課　　　　112

アドベンチャー日本語3　8課－5　　　　名前:＿＿＿＿＿＿＿＿＿＿＿＿＿＿＿

文法：Verb OO form＋と思っている　　　日付:＿＿＿＿＿＿＿＿＿＿＿＿＿＿＿

I. 夏休みに何をしようと思っていますか。「はい」か「いいえ」に丸をして下さい。

1. （はい　いいえ）　海外旅行をしようと思っている。

2. （はい　いいえ）　アルバイトをしようと思っている。

3. （はい　いいえ）　サマースクールへ行こうと思っている。

4. （はい　いいえ）　遊ぼうと思っている。

5. （はい　いいえ）　たくさん本を読もうと思っている。

6. （はい　いいえ）　海で泳ごうと思っている。

7. （はい　いいえ）　家の仕事を手伝おうと思っている。

8. （はい　いいえ）　日本人と日本語で話そうと思っている。

II. 質問の答えを書いて下さい。「～OOと思っている」を使って下さい。

Example: A: 夏休みに働くの？　　　　B:うん、（働こうと思っている　　　）。

1. A: 週末、映画を見るの？　　　　B:うん、（　　　　　　　　　　　　）。

2. A: 放課後、すぐ、家に帰るの？　B:うん、（　　　　　　　　　　　　）。

3. A: スーパーで、お弁当の材料を買うの？

　　　　　　　　　　　　　　　　　B:うん、（　　　　　　　　　　　　）。

4. A: 週末、遊ぶつもり？　　　　　B:うん、（　　　　　　　　　　　　）。

5. A: 今日、レポートを書くの？　　B:うん、（　　　　　　　　　　　　）。

6. A: 今日は、和食を食べるの？　　B:うん、（　　　　　　　　　　　　）。

III. 質問に日本語で答えて下さい。

1. 夏休みに何をしようと思っていますか。＿＿＿＿＿＿＿＿＿＿＿＿＿＿＿

2. この宿題をしてから、何をしようと思っていますか。

＿＿＿＿＿＿＿＿＿＿＿＿＿＿＿＿＿＿＿＿＿＿＿＿＿＿＿＿＿＿＿＿＿

3. どんなお弁当を作ろうと思っていますか。（～のようなお弁当）

＿＿＿＿＿＿＿＿＿＿＿＿＿＿＿＿＿＿＿＿＿＿＿＿＿＿＿＿＿＿＿＿＿

八課

IV. プロジェクトと漢字：「かめべん当: second and third paragraphs」を読んで、下の質問に英語で答えて下さい。Also, write the underlined words in *kanji* (with *okurigana*) and write the *hiragana* readings for the underlined *kanji*.

まず最初に、ご飯についてかく。にほんじんは、むかしから、ごはんを

たべている。ごはんは、日本人に、とても大事な食べ物なので、

お弁とうにぜったいいるだろう。 ご飯をたき、ご飯で、かめとさかな

のようなかたちをつくる。赤やみどりや黄色のつけものや、のりを

きって、ご飯の上におく。つぎは、くだ物だ。もうすぐ、夏になるので、

なつのくだものをつかおうとおもっている。きせつは、日本のぶんかに

とてもだいじだそうだ。いちごのあかと、メロンの みどりと、オレンジ

のきいろをつかおう。これで、くだものの色は美しくなるだろう。そして、

かたちもすこしかえよう。メロンは丸くして、オレンジといちごは、

ちいさくきろう。　　　　知らないたん語：ご飯をたき (to cook rice)、のり (dried seaweed)

1. How is the rice presented in this *bento*?　＿＿＿＿＿＿＿＿＿＿＿＿

2. What garnishes/decorations are used on the rice?　＿＿＿＿＿＿＿＿＿＿＿＿

3. What is the seasonal theme for this *bento*?　＿＿＿＿＿＿＿＿＿＿＿＿

4. What colors are represented by the fruits?　＿＿＿＿＿＿＿＿＿＿＿＿

I. 八課の話：正しければ、正しいに○を、違えば、違うに○をして下さい。

　　If the statement is false, underline the word(s) that make it false and <u>make changes in the sentence to make it a true statement</u>.

　　Example:　（正しい　違う）　　　　Ken is eating <u>lunch</u> with his host family.

dinner

1. （正しい　違う）　　They are eating Japanese food.

2. （正しい　違う）　　Ken's host mother put cold drinks on the table.

3. （正しい　違う）　　Ken leaves for the U.S. tomorrow.

4. （正しい　違う）　　Ken's host mother cooked many dishes Ken liked.

5. （正しい　違う）　　Ken was a picky eater, so his host mother had a hard time cooking for him.

6. （正しい　違う）　　Ken likes *natto*.

7. （正しい　違う）　　*Natto* is a healthy food.

8. （正しい　違う）　　Ken liked the *bento* that his host mother made.

9. （正しい　違う）　　Ken's host mother said that the bamboo shoots may be a little bitter.

10. （正しい　違う）　　Ken likes the bamboo shoots.

11. （正しい　違う）　　The *takuan* is square.

12. （正しい　違う）　　Ken liked the food so much he asked for a second serving of rice.

13. （正しい　違う）　　Ken wants to work at a Japanese restaurant when he returns to the U.S.

II. ことわざ: In English, explain why Ken used the proverb 「一石二鳥」 in his conversation.

　　_____

　　_____

III. プロジェクトと漢字：「かめ弁当：Fourth and fifth paragraphs and summary」を読んで、下の質問に英語で答えて下さい。Write the underlined words in *kanji* (and *okurigana*) and write the *hiragana* readings for the underlined *kanji*.

八課

それから、あげ物と煮物と焼きものも入れようと思っている。あげもの

とか、にものとかやき物は長持ちするし、つめたくなってもおいしい

ので、お弁とうには、とてもいいとおもう。あげ物にはえびとチーズ

を使う。きすうは日本でいいかずなので、えびは一つだけあげて、チー

ズは三つあげようと思っている。あげ物のかたちは丸と四角にする。

に物はこんぶと竹の子とにんじんのにしめにする。にんじんはほしの

かたちにきっておく。にんじんのオレンジ色はお弁当のいろを明るく

するだろう。焼き物は鳥肉だ。小さい三角にきったら、たべやすい

だろう。入れ物や、食べる時につかうはしも、だいじだ。おべんとうば

こは、少し大きいハンカチでつつむ。ハンカチでつつむと持ちやすいし、

つつむことも日本の文化だ。ハンカチと弁当ばこにかめがかいてある。

おはしもかめのようなみどり色にする。おべん当の中に日本のでんとう

やぶんかが、たくさんあると思う。おべん当をつくりながら、いろいろ

な日本の文化がわかるようになった。

知らないたん語：えび (shrimp), チーズ (cheese), きすう (odd number), あげる (to deep fry), こんぶ (kelp),
にしめ (vegetable stew), ほし (star), ハンカチ (handkerchief), つつむ (to wrap)

A. The foods in this *bento* are prepared in many ways. Write an example for each in English.

Ex. あげ物 （deep fried food）　　　　　<u>shrimp and cheese</u>

1. に物 （boiled in broth）　　　　_____

2. 焼き物 （grilled food）　　　　_____

3. 山の物 （food from the mountains）　_____

4. 海の物 （seafood）　　　　　　_____

B. What kinds of shapes are used in the *bento*? Write the name of the food in the [ ] and its shape in the ( ).

1. [　　　　　] (　　　　)　　　2. [　　　　　] (　　　　)

3. [　　　　　] (　　　　)

C. In this *bento*, what are the colors of the following foods?

1. にんじん （　　　　）　　　　2. こんぶ （　　　　）

D. What type of carrier is used?　　_____

E. What are the benefits of this particular carrier?　_____

F. In addition to the carrier, what else is included with the *bento* box?　_____

G. Go back to the worksheets of the *bento* project readings. Read the entire report again. Read the following statements about the "*kame bento*." Write T if the statement is TRUE and F if the statement is FALSE. If the statement is false, <u>underline the words that make it false and correct the sentence so that it becomes a true statement.</u>

_____ 1. There is a reason for each item in the *bento*.

_____ 2. Rice is a major part of a *bento*.

_____ 3. The rice is mixed with pickles (つけ物) that are turtle and fish shaped.

_____ 4. Seasonal fruit such as oranges, melons and strawberries are used.

_____ 5. The oranges and melons are cut into small, round, bite-size pieces.

_____ 6. The various types of food included are always eaten warm and resist spoilage.

_____ 7. Odd numbers bring bad luck and therefore, it is not good to have any odd-numbered items in the *bento*.

_____ 8. Eating utensils must be included with the *bento*.

_____ 9. The foods in this *bento* are cut into different shapes: round, square and triangular.

_____ 10. A carrier is an important item to include for portability. A *bento* bag is included with this *bento*.

_____ 11. The *bento* container is green.

かめ弁当

アドベンチャー日本語3

8課　L.L. ワークシート

名前:＿＿＿＿＿＿＿＿＿＿＿＿＿＿＿＿

日付:＿＿＿＿＿＿＿＿＿＿＿＿＿＿＿＿

You may not understand all the Japanese,
but use the context to help you comprehend as much as you can!

I. Listen to Ken's host mother talking to her family. Who is supposed to do the following things?
    Match each chore with the correct person.

    1. Cooking   (   )
    2. Preparing drinks   (   )
    3. Cleaning the room   (   )
    4. Cleaning the entrance   (   )
    5. Cleaning the table   (   )

A. Mother
B. Ken
C. Father
D. Mari
E. Hiroshi

II.   Listen to the conversation between Emi and Mari. If the statements are true mark True; otherwise,
      mark False.

    6. (A. True   B. False)   Ken is leaving for the U.S. soon.

    7. (A. True   B. False)   Ken's friends are organizing the party.

    8. (A. True   B. False)   Ken is going back to the U.S. because his mother is ill.

    9. (A. True   B. False)   The party will be held at a Western-style restaurant.

    10. (A. True   B. False)   Mari and Emi are planning to go to the party together.

III. Listen to Akiko as she describes her friends. Match the pictures with the correct people based on
      Akiko's descriptions.

    11. Hiroshi (   ) 12. Ken (   ) 13. Emi (   ) 14. Mari (   ) 15. Takashi (   )

    A.   B.   C.   D.   E.

八課

IV - 1. Listen to the dialogue between Emi and Hiromi, a famous singer. Choose the most appropriate answer from the choices given.

16. (A. Emi   B. Hiromi) gave instructions on how to cook a dish.

17. Hiromi (A. likes   B. does not like) to cook.

18. They cooked a (A. Western-style   B. Japanese-style) meal.

19. This is a (A. common   B. rare) dish.

20. They cooked a (A. boiled   B. vinegary   C. grilled) dish.

21. The current season is (A. spring   B. summer   C. fall   D. winter).

22. You need to cut bamboo shoots in (A. thick   B. thin) pieces.

23. If one cooks bamboo shoots too long, they become too (A. hard   B. soft).

24. You need to (A. keep the cooked bamboo shoots warm   B. cool the cooked bamboo shoots).

25. This dish is (A. high   B. low) in calories.

IV - 2. Rearrange the following pictures in the correct order based on the instructions you hear.

26. # 1   (   )

27. # 2   (   )

28. # 3   (   )

29. # 4   (   )

30. # 5   (   )

A.   B.   C.   D.   E.

名前:_____

文化ノート１

日付:_____

I. Read the 文化コーナー section of your text. The following pictures are famous scenes in Tokyo.
   Match the pictures and the descriptions below.

1. (　　)　　　　2. (　　)　　　　3. (　　)　　　　4. (　　)

5. (　　)　6. (　　)　　　　　　　7. (　　)　　　　8. (　　)

9. (　　)　　　　　10. (　　)　　　　11. (　　)　12. (　　)

A. 皇居(Imperial Palace)　　　　　　F. 銀座通り　　　　K. 東京駅

B. 秋葉原の安い電気製品のお店　　　G. 原宿の若い人達　　L. 神田の古本屋

C. 築地の魚市場(market)　　　　　　H. 新宿の高いビル　　M. 渋谷のハチ公

D. 御茶ノ水ある東京大学　　　　　　I. サンシャイン６０　N. かぶき

E. 品川の四十七人の侍のお墓(tombs)　J. 上野動物園のパンダ

II. Match the station names in Tokyo at the left with the correct descriptions at the right.

1. ＿＿＿ 秋葉原　　A.　東京大学がある所

2. ＿＿＿ 銀座　　　B.　パンダがいる動物園や有名な博物館がある所

3. ＿＿＿ 築地　　　C.　変な服を着た若い人達がたくさんいる所

4. ＿＿＿ 品川　　　D.　ハチ公の像(statue)がある所

5. ＿＿＿ 神田　　　E.　朝の魚の市場(market)で有名な所

6. ＿＿＿ 東京駅　　F.　サンシャイン６０というビルがある所

7. ＿＿＿ 新宿　　　G.　近くにかぶきが見られる所

8. ＿＿＿ 御茶ノ水　H.　電気製品が安い所

9. ＿＿＿ 上野　　　I.　皇居(Imperial Palace)があり、大阪行きの新幹線が出る所

10. ＿＿＿ 渋谷　　　J.　忠臣蔵(47 Ronin story)の４７人の侍のお墓(tombs)がある所

11. ＿＿＿ 池袋　　　K.　古本屋がたくさんある所

12. ＿＿＿ 原宿　　　L.　東京の西の中心(center)で山手線や中央線や地下鉄など
　　　　　　　　　　　多くの電車がとまる所

III. Answer the following questions in Japanese.

1. 東京に行ったことがありますか。　＿＿＿＿＿＿＿＿＿＿＿＿＿＿＿＿＿＿

2. 東京でどこが一番おもしろそうですか。なぜですか。

＿＿＿＿＿＿＿＿＿＿＿＿＿＿＿＿＿＿＿＿＿＿＿＿＿＿＿＿＿＿＿＿＿＿＿＿

3. 東京で電車に乗ったら、何が一番大変だと思いますか。

＿＿＿＿＿＿＿＿＿＿＿＿＿＿＿＿＿＿＿＿＿＿＿＿＿＿＿＿＿＿＿＿＿＿＿＿

4. ハチ公は何の動物ですか。なぜ有名ですか。

＿＿＿＿＿＿＿＿＿＿＿＿＿＿＿＿＿＿＿＿＿＿＿＿＿＿＿＿＿＿＿＿＿＿＿＿

5. 忠臣蔵(47 Ronin story)のお話を知っていますか。

＿＿＿＿＿＿＿＿＿＿＿＿＿＿＿＿＿＿＿＿＿＿＿＿＿＿＿＿＿＿＿＿＿＿＿＿

名前:_____

日付:_____

I. The pictures show the different stages of the process of catching trains in Japan. Find the picture that matches each description and write the numbers in the blanks.

___1.___ 券売機の上にある地図で行く場所を見つけて、料金を調べる。

_____ 改札口の機械に切符を入れて改札口に入る。

_____ 電車から降りる。

_____ 人々が電車に乗るまで、駅員がドアの所で手伝う。

_____ 電車が来るのをならんで(to line up)待つ。

_____ 階段を下り、出口へ行く。

_____ 電車がホームに着く。

_____ 券売機で切符を買う。

_____ 階段を上がり、ホームに行く。

_____ 電車に乗っている時、降りる駅のアナウンスを聞く。

__11.__ 出口の機械に切符を入れて、駅の外に出る。

1.

2.

3.

4.  5.  6.  7.

8.  9. 10.  11.

II. On the following page, complete the map by writing the names of the correct stations in the large oval circles and the names of the train lines in the rectangles. Use the choices listed below.

A. 秋葉原	B. 銀座	C. 築地	D. 品川	E. 神田
F. 東京駅	G. 新宿	H. 御茶ノ水	I. 上野	J. 渋谷
K. 池袋	L. 原宿	M. 山手線	N. 総武線	O. 中央線

九課

東京の電車

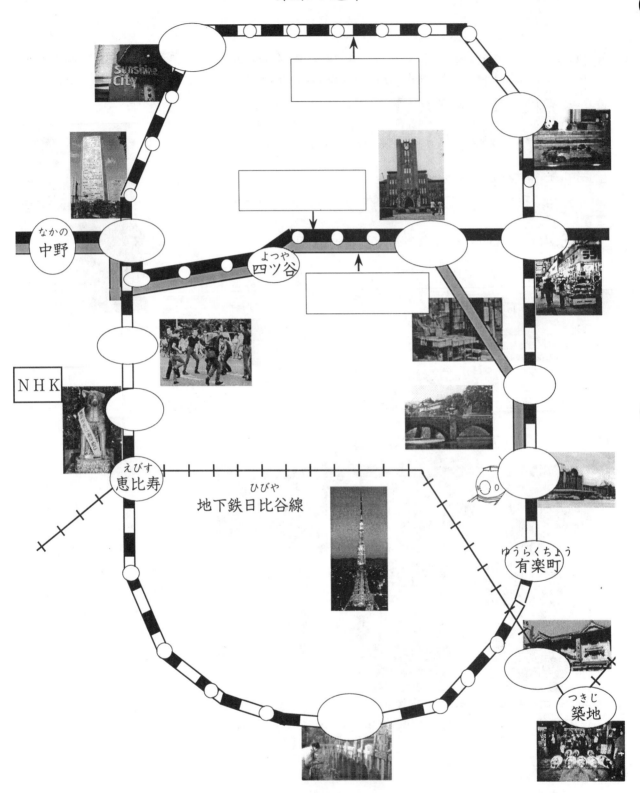

NHK

えびす
恵比寿

ひびや
地下鉄日比谷線

なかの
中野

よつや
四ツ谷

ゆうらくちょう
有楽町

つきじ
築地

Note: This is a highly simplified map of only 3 major train lines and one subway line that run among cities within the Tokyo metropolitan area. Smaller circles indicate smaller train station stops.

文法：〜か（どうか）　　　　日付:_____

I. You are asked the following questions about pandas in Japan, but you don't know anything about pandas. Answer the questions by filling in the blanks with the appropriate words as the answers.

Ex. 質問：パンダはどこで見られますか。

　答え：さあ、（　どこで見られるか　）知りません。

1. 質問：パンダは毎日何を食べていますか。

　答え：さあ、（　　　　　　　　　　）知りません。

2. 質問：パンダはいつ中国から日本に来ましたか。

　答え：さあ、（　　　　　　　　　　）知りません。

3. 質問：パンダは何が好きですか。

　答え：さあ、（　　　　　　　　　　）知りません。

4. 質問：パンダはどこで寝ますか。

　答え：さあ、（　　　　　　　　　　）知りません。

5. 質問：日本にパンダが何匹いますか。

　答え：さあ、（　　　　　　　　　　）知りません。

II. You are asked the following questions, but you don't know the answers. Fill in the blanks with the correct words. Do not use どうか.

Ex. 質問：東京の物は高いですか。

　答え：さあ、高いか（　　安いか　　）知りません。

1. 質問：歌舞伎はおもしろいですか。

　答え：さあ、おもしろいか（　　　　　　　　）知りません。

2. 質問：東京は住みやすいですか。

　答え：さあ、住みやすいか（　　　　　　　　）知りません。

3. 質問：東京の電車に一人で乗れますか。

　答え：さあ、一人で乗れるか（　　　　　　　　）知りません。

III. You don't know the answers to the following questions. Write suitable answers as shown in the example. Use the か（どうか）... construction.

Ex. 歌舞伎の切符は高いですか。

　　　<u>さあ、かぶきのきっぷが高いかどうか知りません。</u>

1. 東京ディズニーランドは東京駅から近いですか。

　　　_____

2. 博物館は上野にありますか。

　　　_____

3. 秋葉原でビデオゲームを安く買えますか。

　　　_____

4. ハチ公は渋谷駅の南口にありますか。

　　　_____

5. 今一ドルは何円ですか。

　　　_____

6. 東京大学はどこにありますか。

　　　_____

IV. 漢字コーナー：The following are the names of some of the main train stations in Tokyo. You may not know how to read all of the *kanji*, but do your best to match them with their readings in *hiragana* on the right. Write the correct letter.

1. ___ 東京	9. ___ 品川	A. あさくさ	I. ぎんざ
2. ___ 新宿	10. ___ 浅草	B. しぶや	J. ゆうらくちょう
3. ___ 上野	11. ___ 御茶ノ水	C. かんだ	K. しながわ
4. ___ 中野	12. ___ 渋谷	D. はらじゅく	L. しんじゅく
5. ___ 神田	13. ___ 池袋	E. おちゃのみず	M. あきはばら
6. ___ 秋葉原	14. ___ 有楽町	F. うえの	N. よつや
7. ___ 銀座	15. ___ 四ッ谷	G. とうきょう	O. ろっぽんぎ
8. ___ 六本木	16. ___ 原宿	H. いけぶくろ	P. なかの

文法：〜と, 〜たら, 〜ば　　　　　日付:＿＿＿＿＿＿＿＿＿＿＿＿＿＿

I. Circle the most correct conditional form for each sentence.

1. 明日お天気が{A. いいと　B. 良かったら}、ピクニックをしましょう。

2. 大学へ{A. 行くと　B. 行ったら　C. 行けば}、日本の大学へ一年留学しよう
と思っています。

3. 日本の音楽が好きですが、日本のCDはとても高いです。CDがもっと
{A. 安いと　B. 安ければ}、人達はもっと買うはずです。

4. 今、百ドル{A. もらうと　B. もらったら　C. もらえば}、何を買いたい？

5. 姉は牛乳を{A. 飲むと　B. 飲めば}、いつもお腹が痛くなる。

6. 高校を{A. 卒業すると　B. 卒業したら　C. 卒業すれば}、何をしたいですか。

7. 冬に{A. なると　B. なったら}、寒くなる。

II. Complete the chart with the conditional forms of each of these verbs.

English	〜と	〜たら	〜ば
If/When you drink,			飲めば
If/When you go,	行くと		
		書いたら	
	まがると		
		待ったら	
			上がれば
	話すと		
			食べれば
If/When you come,		きたら	
		勉強すれば	

← Use *hiragana*.

九課

III. Match the condition on the left with the correct consequence on the right.

___ 1. 日本語の試験が明日なら、　　　　　　A. 働いたらいいと思う。

___ 2. もし今百ドルもらったら、　　　　　　B. JRの駅があります。

___ 3. もし日本に行きたければ、　　　　　　C. カウンセラーに相談した方がいい。

___ 4. 友達が麻薬を使っていたら、　　　　　D. 新しい服を買いたい。

___ 5. 安い電気製品が買いたければ、　　　　E. 足が痛くなる。

___ 6. 夏になると、　　　　　　　　　　　　F. 日本人が分からないと思う。

___ 7. 次の角を左にまがると、　　　　　　　G. 今晩、勉強しなければならない。

___ 8. たたみの上に正座すると、　　　　　　H. あの橋を渡って道の右側にある。

___ 9. 日本での生活を経験しなければ、　　　I. 秋葉原がいいと思う。

___10. 病院なら、　　　　　　　　　　　　　J. 暑くなる。

IV. 漢字コーナー：Identify each of the pictures by writing the correct word in *kanji* in the boxes below.

1. subway

2.

3. タクシー　　りば

4.

5. 　　員

6.

7.

8.

9. 　　都

10.

11. 　午

I. You are asking for directions to a train station in Shibuya where you will be catching a train to Ochanomizu. Fill in each blank with the correct particle. Use X if no particle is required.

あなた：あのう...ちょっと　うかがいますが、

　　　　　この（　　）辺（　　）電車（　　）駅（　　）

　　　　　ありますか。御茶ノ水（　　）行きたいんです。

日本人：山手線の駅ですね。

　　　　　この（　　）道（　　）まっすぐ（　　）行って、

　　　　　次（　　）交差点（　　）むこう（　　）渡って下さい。

　　　　　あそこ（　　）信号（　　）見えますね。

あなた：ああ...　あの（　　）交差点ですね。

日本人：そうです。交差点（　　）右（　　）まがって、その道（　　）

　　　　　少し（　　）行くと、駅（　　）入口（　　）ありますよ。

あなた：そうですか。分かりました。ありがとうございました。

II.　You are inside the train station at Shibuya, but don't know how to get on the train to Ochanomizu. You ask a station employee for assistance. Fill in each blank with the correct particle. Use X if no particle is required.

あなた：あのう...すみません。御茶ノ水駅（　　）行きたいんですが、

　　　　　どう行けばいいんですか。

駅員：この駅（　　）山手線（　　）乗って、新宿（　　）中央線（　　）

　　　　　乗りかえて下さい。

あなた：はい、分かりました。新宿方面（　　）電車は、何番線（　　）

　　　　　とまりますか。

駅員：新宿方面（　　）電車なら、3番線です。この（　　）階段（　　）

　　　　　上がって、むこう（　　）渡って下さい。

あなた：新宿はここから何番目（　　）駅ですか。

駅員：二番目ですよ。

あなた：どうもありがとうございました。

九課

III. Complete the following sets of directions by writing an appropriate word in each ( ). Choose the words from the box below. ◎ marks the starting point. You may use the same word more than once.

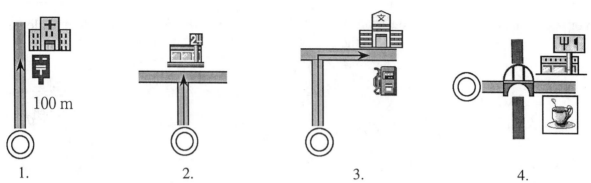

1.　2.　3.　4.

1.「すみません、この辺にポストがありますか。」

　　「この道を（　　　　　）百メートルぐらい行くと、道の

　　（　　　　　）に病院があります。ポストは病院の（　　　　　）に

　　あります。」

2.「すみません、コンビニはどこにありますか。」

　　「コンビニはこの道をまっすぐ行くと、道の（　　　　　）にあります。」

3.「すみません、ガソリンスタンドはどこにありますか。」

　　「この道をまっすぐ行って、（　　　　　）にまがって、少し行くと、

　　道の（　　　　　）に学校があります。ガソリンスタンドは学校の

　　（　　　　　）にあります。」

4.「すみません、ファミリーレストランはどこにありますか。」

　　「ファミリーレストランは、この道をまっすぐ行って、

　　（　　　　　）を渡ると、道の（　　　　　）にあります。

　　ファミリーレストランの（　　　　　）に喫茶店もありますよ。」

| 橋, 右側, 左側, まっすぐ, つきあたり, むかいがわ, 手前 |

IV. 漢字コーナー：Write the underlined *hiragana* in *kanji*. Use *okurigana* too.

1. とうきょうえきのきたぐちでちずをみて、ろっぴゃくえんの切符をかった。

2. あおきさんはちかてつにのりたいが、いりぐちへのみちがわからない。

I. Read the dialogue from Lesson 9 of the textbook and circle 本当 or 違う based on that dialogue.

1. （本当　違う）　　ケンは友達と新宿で会う約束をした。

2. （本当　違う）　　ケンは電車の乗り方がよく分からない。

3. （本当　違う）　　ケンのホストファミリーのお母さんはケンに電車の
乗り方を家で説明した。

4. （本当　違う）　　ケンのホストファミリーの家は新宿にある。

5. （本当　違う）　　ケンのホストファミリーのお母さんはケンを秋葉原へ
連れて行った。

6. （本当　違う）　　ケンのホストファミリーのお母さんはケンが迷子になる
かもしれないと思った。

7. （本当　違う）　　ケンは自分で券売機から切符を買った。

8. （本当　違う）　　ケンは渋谷から新宿へ山手線で行った。

9. （本当　違う）　　ケンは新宿で中央線に乗りかえた。

10. （本当　違う）　　ケンは新宿で降りて、中央線がすぐ分かった。

11. （本当　違う）　　新宿で東京方面の中央線は７と８番線だった。

12. （本当　違う）　　中央線は秋葉原にとまる。

13. （本当　違う）　　ケンは御茶ノ水駅で総武線に乗りかえた。

14. （本当　違う）　　秋葉原は御茶ノ水から二番目の駅だ。

15. （本当　違う）　　ケンは東京の電車に乗るのを全然心配しなかった。

II. This is a train ticket purchased in Tokyo. Circle the correct answers based on the information given on the ticket.

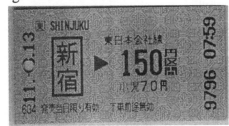

1. This is a ticket (A. from　B. to) Shinjuku.

2. This ticket is 150 yen for (A. adults　B. children) and
70 yen for (A. adults　B. children).

III. 漢字コーナー： Write the underlined *kanji* in *hiragana* and underlined *hiragana* in *kanji*. Use *okurigana*. Then circle true or false based on this reading.

とうきょうの渋谷駅のみなみぐちに、ハチ公という有名な犬の

銅像(statue)がある。ハチ公はほんとうにいた秋田犬(Akita breed)の

なまえだ。ハチ公の主人は渋谷にすんでいただいがくのせんせいだった。

ハチ公は、まいにち主人の帰りを駅で待っていた。そして、えきから一緒に

いえにかえった。ある日、主人がでんしゃにのって、でかけて、そとで

亡くなった。その日から、はるなつあきふゆ、あめがふる日にもゆきがふる

日にも、ハチ公は、じかんになると駅へ行ってしゅじんを待った。そして、

とうとうあるけなくなって、死んでしまった。人々はこのうつくしい

おはなしをほんにかいたり、えいがにつくったりした。

A. 1. (True False) The statue of Hachiko is located south of Shibuya Station.
   2. (True False) Hachiko is the name of a dog who really existed.
   3. (True False) Hachiko's master was a high school teacher.
   4. (True False) One day, Hachiko's master died at home.
   5. (True False) Hachiko waited for his master at home day after day.

B. What lesson does this story teach to the youngsters of Japan? Explain in English.

_____

アドベンチャー日本語3

9課（か）　L.L. ワークシート

名前:＿＿＿＿＿＿＿＿＿＿＿＿＿＿＿＿

日付（づけ）:＿＿＿＿＿＿＿＿＿＿＿＿＿＿＿＿

You may not understand all the Japanese,
but use the context to help you comprehend as much as you can!

I. Look at the map below. Listen carefully to the directions to each destination. Identify each destination by writing the correct letter in the (   ). Start from location ◎ each time.

1. (   )　2. (   )　3. (   )　4. (   )　5. (   )

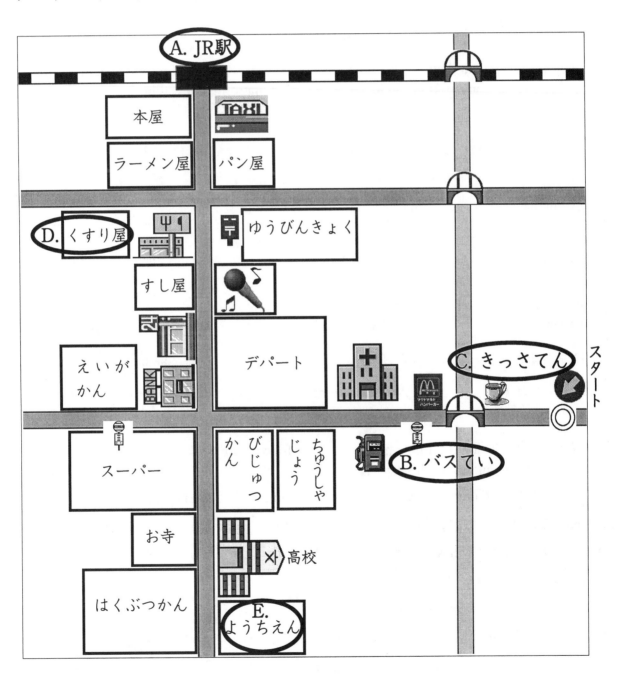

A. JR駅

本屋

TAXI

ラーメン屋

パン屋

D. くすり屋

ゆうびんきょく

すし屋

デパート

えいがかん

BANK

C. きっさてん

スタート

スーパー

びじゅつかん

ちゅうしゃじょう

B. バスてい

お寺

高校

はくぶつかん

E. ようちえん

133

九課

II. Listen to the following dialogues between two students. For each dialogue, identify the correct piece of advice from the box below, then write the correct letter in the ( ).

6. ( ) 7. ( ) 8. ( ) 9. ( ) 10. ( )

A. Improve appearance.

B. Make a Japanese friend.

C. Find a part time job.

D. Give up his extra curricular activity.

E. Talk to the teacher.

III. Ken is at Shinjuku Station. He does not know from which platform he should catch his train. Listen to each conversation and identify the correct platform, correct line and destination for each.

Choices:

Ken's destination: A. Tokyo B. Akihabara C. Ikebukuro D. Nakano E. Shibuya

Track number: A. #8 B. #9 C. #11 D. #12 E. #13

Train line: A. Yamanote B. Sobu C. Chuo

11. Destination ( ) 12. Track number ( ) 13. Name of the line ( )

14. Destination ( ) 15. Track number ( ) 16. Name of the line ( )

17. Destination ( ) 18. Track number ( ) 19. Name of the line ( )

20. Destination ( ) 21. Track number ( ) 22. Name of the line ( )

23. Destination ( ) 24. Track number ( ) 25. Name of the line ( )

IV. Ken asks his host mother how he should get to following places. Choose the most appropriate answer from among the choices.

26. Ken is at (A. Shibuya B. Ochanomizu C. Akibahara D. Ueno) now.

27. Ken wants to go to (A. Shibuya B. Ochanomizu C. Akihabara D. Ueno).

28. How many times will Ken have to transfer trains if he can take his time?

(A. once B. twice C. three times D. none).

29. Ken (A. is B. is not) in a hurry.

30. Ken will take the (A. Yamanote Line B. Sobu Line C. Chuo Line

D. Sobu Line and Chuo Line D. Yamanote Line, Sobu Line and Chuo Line) to get there.

九課 134

漢字1　　　　　　　　　　　　　　　日付:_____

Write the correct *kanji* and *okurigana* in the blanks below, then re-state the sentences into English.

1.　昨日、_____ _____で _____へ行って、_____ _____ _____ の
　　　　　じ　ぶん　　えき　　　　　　　　ち　　か　　てつ

　　　　　_____ _____ を見て、_____ 葉原までのきっぷを券_____機で
　　　　　ち　　ず　　　　　　あき　　　　　　　　　　　　ばい

　　　　　_____。
　　　　　かった

　　　　　英語の訳:_____

　　　　　_____

2.　_____ _____の_____ _____が_____かどうか_____。
　　　あした　　てん　き　　　よい　　　　　　しらない

　　　英語の訳:_____

　　　_____

3.　母は毎日いそがしくても、いろいろなめずらしい材_____ を_____、
　　　　　　　　　　　　　　　　　　　　　　　　りょう　　つかって

　　　_____ _____ _____ _____ や_____ _____ を_____ _____ に
　　　せい　よう　りょう　り　　　わ　　しょく　　ゆう　はん

　　　_____ くれる。
　　　つくって

　　　英語の訳:_____

　　　_____

十課

4. ＿＿＿＿ ＿＿＿＿ さんの＿＿＿＿の庭は、＿＿＿＿し、木や＿＿＿＿が＿＿＿＿し、
    たけ　うち　　　　　いえ　　　　　ひろい　　　　　はな　おおい

＿＿＿＿然が本当に＿＿＿＿＿＿＿。
    し　　　　　　　うつくしい

英語の訳：＿＿＿＿＿＿＿＿＿＿＿＿＿＿＿＿＿＿＿＿＿＿＿＿＿＿＿＿＿＿＿＿＿

＿＿＿＿＿＿＿＿＿＿＿＿＿＿＿＿＿＿＿＿＿＿＿＿＿＿＿＿＿＿＿＿＿＿＿＿＿＿

5. 祖父は八十才でも、＿＿＿＿ ＿＿＿＿ ＿＿＿＿の階段をまだ＿＿＿＿ ＿＿＿＿に
    そ　　　　　　　　　とう　きょう　えき　　だん　　　　　　　じ　ゆう

＿＿＿＿＿＿＿、＿＿＿＿＿＿出来るそうだ。
    あがったり　　　　おりたり

英語の訳：＿＿＿＿＿＿＿＿＿＿＿＿＿＿＿＿＿＿＿＿＿＿＿＿＿＿＿＿＿＿＿＿＿

＿＿＿＿＿＿＿＿＿＿＿＿＿＿＿＿＿＿＿＿＿＿＿＿＿＿＿＿＿＿＿＿＿＿＿＿＿＿

6. 母の日に＿＿＿＿ ＿＿＿＿さんは、ご＿＿＿＿ ＿＿＿＿と子供とレストランへ
    　　　　あお　やま　　　　　　　しゅ　じん

食べに行って、一緒に＿＿＿＿ ＿＿＿＿を見て、＿＿＿＿事ばかりしたそうだ。
    　　　　　しょ　えい　が　　　　　　　　たのしい

英語の訳：＿＿＿＿＿＿＿＿＿＿＿＿＿＿＿＿＿＿＿＿＿＿＿＿＿＿＿＿＿＿＿＿＿

＿＿＿＿＿＿＿＿＿＿＿＿＿＿＿＿＿＿＿＿＿＿＿＿＿＿＿＿＿＿＿＿＿＿＿＿＿＿

7. ＿＿＿＿ ＿＿＿＿さんは、毎＿＿＿＿近くの公園まで＿＿＿＿ ＿＿＿＿いくつを
    きた　がわ　　　　　　ばん　　　　　　　　　　き　いろ

はいて＿＿＿＿＿＿＿＿と言っていた。
    はしる

英語の訳：＿＿＿＿＿＿＿＿＿＿＿＿＿＿＿＿＿＿＿＿＿＿＿＿＿＿＿＿＿＿＿＿＿

＿＿＿＿＿＿＿＿＿＿＿＿＿＿＿＿＿＿＿＿＿＿＿＿＿＿＿＿＿＿＿＿＿＿＿＿＿＿

漢字 2　　　　　　　　　　　　　　　　日付:_____

I. Write the correct *kanji* and *okurigana* in the blanks below, then re-state the sentences into English.

1. _____ _____ _____ _____ は、 _____ _____ _____ _____ 五時半に
　　こう　ちょう　せん　せい　　　　まい　あさ　ご　ぜん

_____ 、_____ _____ へ _____ 来るらしい。
おき　　　　がっ　こう　　　あるいて

英語の訳:_____

_____

2. _____ は _____ 、_____ の番組を _____ ながら、お _____ を
　あに　　　よる　　うた　　　　　　きき　　　　　　ちゃ

_____ から、_____ 。
のんで　　　　　ねる

英語の訳:_____

_____

3. この _____ _____ の窓を _____ と、_____ からの _____ が
　　　　へ　や　　　　　あける　　　みなみ　　　かぜ

_____ 、気持ちがいい。
はいって

英語の訳:_____

_____

4. _____ _____ に _____ と、___ ___ ___ にあまり _____ 。
　とう　きょう　　すむ　　　　じ　どう　しゃ　　　　のらない

英語の訳:_____

_____

　　　　　　　　　　　　　　　　　　　　十課

5. あの_____ _____ は_____ _____ をしているよ。
        あかい　　とり　　くろい　　あし

    英語の訳：_____

    _____

6. _____ は _____ _____ _____ で_____ いる間、
        ちち　　　ほっ　かい　どう　　　　　はたらいて

    _____ _____ をしていたらしい。
        りょう　り

    英語の訳：_____

    _____

7. このお弁当は_____ がいいけど、弁当箱は少し_____ 。
                あじ　　　　　　　　　　　　　　　おもい

    英語の訳：_____

    _____

II. Match opposites. Write the correct *kanji* in the blanks.

    1. 黒 ⇔ _____   2. 北 ⇔ _____   3. 東 ⇔ _____

    4. 朝 ⇔ _____   5. 開 ⇔ _____   6. 春 ⇔ _____

    7. 夏 ⇔ _____   8. 始 ⇔ _____   9. 前 ⇔ _____

    10. 父 ⇔ _____   11. 男 ⇔ _____   12. 高 ⇔ _____

終	秋	白	母
女	西	冬	夜
閉	後	安	南

文法1　　　　　　　　　　　　　　　　　日付:＿＿＿＿＿＿＿＿＿＿＿＿＿＿＿＿＿

English statements and their Japanese equivalents are provided below. Fill in the blanks with the correct responses. Use *kanji* wherever possible.

1. During the commercial, I went to the ＿＿＿＿＿＿＿＿ and looked for ＿＿＿＿＿＿＿＿＿.

   コマーシャル＿＿＿＿間、台所に行って、食べる物をさがしに行った。

2. While my older brother was watching a ＿＿＿＿＿＿＿＿＿＿＿＿, I fell asleep.

   兄が白黒映画を＿＿＿＿＿＿＿＿＿＿、ぼくは寝てしまった。

3. While I do the ＿＿＿＿＿＿＿, I like listening to Japanese musical pieces.

   家事を＿＿＿＿＿＿＿＿＿、日本の＿＿＿＿＿＿＿を聞くのが好きです。

4. According to the ＿＿＿＿＿＿＿＿＿＿, I understand it will snow tomorrow.

   天気予報＿＿＿＿＿＿＿＿、明日雪が＿＿＿＿＿＿＿＿＿です。

5. I understand Ms.＿＿＿＿＿＿＿＿'s parties are always very lively.

   林田さんのパーティーはいつも　＿＿＿＿＿＿＿＿＿＿です。

6. After summer vacation, I ＿＿＿＿＿＿*aikido*.

   夏休み＿＿＿＿＿＿、合気道をやめた。

7. Before I take a bath, I say, "I will go first."

   お風呂に＿＿＿＿＿＿前に、「＿＿＿＿＿＿＿＿＿＿　」と言う。

8. Before ＿＿＿＿＿＿＿class, let's go to read my ＿＿＿＿＿＿＿＿.

   歴史の授業＿＿＿＿＿＿＿に、電子メールを読みに行こう。

9. If you can speak Japanese, ＿＿＿＿＿＿ will be fun.

   日本語が＿＿＿＿＿＿＿＿＿＿＿、旅行は ＿＿＿＿＿＿。

139

十課

10. If you won't go, I won't go either.

あなたが＿＿＿＿＿＿＿＿＿＿＿＿＿＿＿＿＿、私も行きません。

11. If the museum is close, I ＿＿＿＿＿＿＿＿＿＿.

博物館が＿＿＿＿＿＿＿＿＿＿＿＿＿＿＿＿＿、歩いて行ける。

12. If you like music, I think you know this music piece.

音楽が＿＿＿＿＿＿＿＿＿、この曲を知っているはずだと思います。

13. The ＿＿＿＿＿＿＿＿＿＿＿＿has already been cooked.

パーティーの食べ物はもう＿＿＿＿＿＿＿＿＿＿＿＿＿。

14. A telephone call from my friend is always very long.

友達＿＿＿＿電話は、いつもとても＿＿＿＿＿＿＿＿。

15. The ＿＿＿＿＿＿＿＿＿ exam might be difficult.

化学の試験は＿＿＿＿＿＿＿＿＿＿＿＿＿＿＿＿＿。

16. Every morning I get up at ＿＿＿＿＿＿, eat breakfast and leave for school.

毎朝六時半に＿＿＿＿＿＿、朝食を食べ、学校に＿＿＿＿＿＿＿。

17. My older sister ate only ＿＿＿＿＿＿ (and a lot).

＿＿＿＿＿は野菜＿＿＿＿＿＿食べた 。

18. It seems that the English exam was very long and difficult.

＿＿＿＿＿の試験は長くて、むずかしかった＿＿＿＿＿＿＿。

19. Since we are going to have a party tomorrow, I bought ＿＿＿＿＿ today (for it).

明日、パーティーがあるので、今日食べ物を＿＿＿＿＿＿＿＿。

20. I am thinking of working during the ＿＿＿＿＿＿＿.

夏休みに＿＿＿＿＿＿＿＿＿＿＿＿と思っています。

I. English statements and their Japanese equivalents are provided below. Fill in the blanks with the correct responses. Use *kanji* wherever possible.

1. I don't remember where the _____ is.

新幹線のホームが_____。

2. I don't know whether things in Japan are expensive or not.

日本の物が　_____ 知りません。

3. Please tell me how to get to Akihabara.

秋葉原まで _____教えて下さい。

4. Do you remember when we will have the Japanese exam?

_____日本語の試験が_____覚えていますか。

5. If you turn _____, there will be a large _____.

右に_____、大きい病院があります。

6. I think people buy Japanese CDs only if they are inexpensive.

日本のＣＤが_____、人々は買うと思います。

7. When the weather is good, let's go to the _____ tomorrow.

もし、明日天気が_____、海に _____。

8. When it becomes _____, it will snow.

冬に_____、雪がふります。

9. _____, I ate only (and a lot of) Japanese food.

日本に行った時、_____。

十課

10. I want to associate with a person like Mike.

マイクさんの＿＿＿＿＿＿＿人と＿＿＿＿＿＿＿＿＿＿＿＿＿＿＿。

11. Since I drank coffee last night before I went to bed, I just could not sleep well.

ゆうべ＿＿＿＿＿＿＿＿、コーヒーを飲んだから、なかなか

＿＿＿＿＿＿＿＿＿＿＿＿＿。

II. Match opposites. Write the correct letter in the blanks.

1. 東 ＿＿＿＿　　2. 南 ＿＿＿＿　　3. べんり ＿＿＿＿　　4. 内 ＿＿＿＿

5. なおす ＿＿＿＿　　6. 昨日 ＿＿＿＿　　7. 去年 ＿＿＿＿　　8. 手前 ＿＿＿＿

9. 重い ＿＿＿＿　　10. 起きる ＿＿＿＿　　11. 長い ＿＿＿＿　　12. 太い ＿＿＿＿

13. かたい ＿＿＿＿　　14. かわった ＿＿＿＿　　15. 丸 ＿＿＿＿

A. やわらかい	B. かるい	C. 寝る	D. 明日	E. 外
F. 来年	G. ふつう	H. 四角	I. 北	J. むかいがわ
K. こわす	L. みじかい	M. ふべん	N. 西	O. ほそい

III. Match synonyms. Write the correct letter in the blanks.

1. 洋食 ＿＿＿＿　　2. めずらしい ＿＿＿＿　　3. 最高 ＿＿＿＿　　4. 自動車 ＿＿＿＿

5. 内 ＿＿＿＿　　6. 午前 ＿＿＿＿　　7. 仕事する ＿＿＿＿　　8. まず ＿＿＿＿

A. 車	B. 働く	C. 朝	D. 最初
E. 中	F. 西洋料理	G. かわった	H. 一番いい